PATRICIO y y...

W9-DDJ-256

Mamá se casó con un HOMBRE

Ruth Halsey

Mamá se casó con un hombre
por Ruth Halsey

Traducción: Ana Hernández
© Copyright 2014
Editorial RENUEVO

Reservados todos los derechos. Prohibida la reproducción total o parcial de esta obra sin la debida autorización por escrito de Editorial RENUEVO.

ISBN: 978-1-937094-71-3

Una producción de:
Editorial RENUEVO
www.EditorialRenuevo.com
info@EditorialRenuevo.com

Tabla de Contenido

Dedicatoria

Este libro está dedicado a mi hija, Karen, quien siempre ha estado conmigo en cada uno de mis esfuerzos. Ella me ha dado todo su apoyo y colaboración para completar este libro. Yo la amo tanto por ser la clase de hija que es, así como también por ser mi mejor amiga.

Gracias por ayudarme a hacer que este libro sea el mejor libro escrito.

Te amo,
Mamá

Este libro fue escrito basado en mi propia experiencia de los primeros años en el negocio, y contiene un poco de terminología antigua; pero aun así, está el impacto y relevancia de esta increíble historia y negocio; la experiencia sigue siendo la misma.

Introducción
El momento que lo cambió todo

«Damas y caballeros, ahora les presento a nuestros nuevos Triple Diamantes Directos. Ayúdenme a darle la bienvenida a George y Ruth Halsey.»

Atlanta, Georgia. Día de la Libre Empresa — 1982. Este día había llegado más rápido de lo que habíamos pensado. Nuestro anfitrión nos recogió de nuestro hotel lujoso, nos llevó al coliseo y nos atendió con esmero. Supuestamente nosotros no deberíamos de estar aquí. Supuestamente no deberíamos de conocer a estas personas. Yo nunca lo vi venir, ni en un millón de años. Había gente por todos lados. IBOes nos abrieron la puerta cuando nos estábamos acercando al recibidor. Choferes nos llevaron en limosina dondequiera que necesitábamos ir. No tuvimos que levantar ni un dedo para hacer nada.

«Damas y caballeros, ahora les presento a nuestros nuevos Triple Diamantes Directos. Ayúdenme a dar la bienvenida a George y Ruth Halsey.»

Fue una noche mágica. A cualquier lado que volteaba, había rostros sonriendo. En el fondo alguien dijo… «¡Si escuchas algún ruido, es simplemente George y los muchachos dibujando círculos!» Nosotros simplemente sonreímos el uno al otro.

—Poonkie, ¿estás lista para esto? —susurró George.

—Tan lista como podría estar, —yo respiré profundo—. ¿Estás listo tú?

Nosotros simplemente sonreímos el uno al otro de nuevo.

George y Ruth — ¿Los primeros Negros Triple Diamantes de Amway? Tenía que estar soñando. George lucía tan guapo esa noche. Él tenía puesta su corbata favorita de D-Fines (una boutique de caballeros en Las Vegas), y yo tenía puesto uno de mis más atrevidos vestidos Steaphen Yearick que se haya visto. Era un vestido de colores morado y blanco de un tirante que me quedaba a la perfección. Ah sí, todos los ojos estaban puestos en mí. Ésta sí era vida.

—Ruth, ¿puedo traerte algo para tomar?

—No querido, estoy bien.

Yo observé a toda esta gente, y por unos momentos, me deslicé en un sueño — un sueño que me hacía recordar nuestra verdadera historia. Un sueño que no sucedió de la noche a la mañana, sino uno que incluía luchas, éxito, tiempos tristes, tiempos alegres, y bastante amor compartido durante el tiempo. A pesar de lo disciplinada que yo siempre trataba de ser, yo sabía que no había sido yo quien nos había traído hasta aquí. A pesar de lo encantador que era George, yo sabía que no había sido él quien nos había traído hasta aquí. Fue Dios quien lo hizo durante toda la trayectoria. Él estuvo ahí todo el tiempo.

Por unos instantes yo reflexioné acerca de mi vida; cómo hubo una época cuando solía caminar por la calle hablando con Dios. Yo no sabía ni la mitad de lo que ahora sé, pero estaba segura de una cosa, que Dios contestó muchas oraciones. Mi abuela oraba por mí cuando yo tañía asma, y en la mañana, yo me sentía mejor. Si no teníamos dinero, mi abuela oraba por bendición, y de alguna manera aparecía.

Cuando era niña, yo vi esto. Yo recuerdaba esto y me daba cuenta de que si yo oraba por algo y si mis oraciones eran lo suficientemente serias, Dios me contestaba. Así que me aferré a esa creencia. Me aferré a mi fe. Tal vez dejé de asistir a la iglesia algunas veces, pero créeme, nunca dejé de orar.

Fue la oración la que trajo a Amway a nuestras vidas. Fue la oración la que nos mantuvo antes de que Amway llegara. La gente solía preguntarme si yo había previsto venir todo esto, y por supuesto, yo daba una respuesta tan profesional como podía idear en ese momento, pero la verdad es que, ¡no! Yo no sabía a lo que me estaba metiendo… ¿cómo podría haberlo sabido? ¿Cómo podría haberme imaginado algo que mi mente no era capaz de creer? Yo simplemente estaba interesada en ganar el concurso de Reader's Digest. Ni en un millón de años podría yo haber pensado que esto nos sucedería a nosotros; nunca soñé con que podríamos tocar tantas vidas y recibir tanta atención. ¿Ruth Halsey, en este vestido hermoso hablando frente a toda esta gente? Ni en un millón de años. Yo simplemente pensé que si éramos capaces de ganar el concurso, estaríamos bien, podría pagar mis facturas. Yo no estaba buscando un negocio. Yo simplemente estaba buscando alguna manera de ganar un poco de dinero. A mí me gustaba las cosas buenas y siempre estaba buscando la manera cómo pagar por éstas.

—Señora Halsey, por aquí— dijo el anfitrión de la conferencia.

Yo salí del salón VIP donde todos los Diamantes nos sentábamos mientras esperábamos que nos llamaran por nuestro nombre. Cada vez que volteaba a ver, alguien estaba en el pasillo haciendo una señal con sus dos dedos pulgares hacia arriba, o gritando, «¡Sigue adelante Halseys!» Todos se gozaban con nosotros — incluso las personas que no nos conocían. La dama que nos atendía — creo que ella estaba en el nivel de Esmeralda en el negocio — ella nos tomó de la mano y nos guió por detrás del escenario. Estaba oscuro ahí atrás. Habían cables por todos lados. El personal técnico de apoyo estaba poniendo destellos de luces y señalándonos la dirección adonde teníamos que dirigirnos. Cada paso que yo daba, yo oraba para no resbalar y caer con esos tacones altos que tenía puestos. Desde atrás del escenario yo podía escuchar mares de gente, tal vez miles, que cantaban:

> ¡Amamos a los Halsey, en el fondo de nuestros corazones!
> ¡Amamos a los Halsey, en el fondo de nuestros corazones!
> ¡Ah, en el fondo, fondo, en lo profundo, en el fondo en
> lo profundo de nuestros corazones!
> ¡Ah, en el fondo, fondo, en lo profundo, en el fondo en
> lo profundo de nuestros corazones!

Entre más fuerte cantaban, más feliz me sentía yo. Mi corazón estaba latiendo. Mis piernas temblaban. Yo estaba tan nerviosa que no sabía qué hacer. Yo no te puedo decir lo que pasaba por la mente de George; yo estaba tan ocupada sonriéndole a él. Él estaba tan callado … demasiado callado. Y luego, llamaron nuestros nombres …

> «*Damas y caballeros, nuestros nuevos Triple Diamantes, de Greensboro, Carolina del Norte. ¡Demos la bienvenida a George y Ruth Halsey!*»

La audiencia explotó en aplausos. George y yo salimos de atrás del escenario, y la gente se volvió loca. Las luces eran brillantes, el escenario estaba decorado de izquierda a derecha. Yo apenas me podía calmar. George avanzó hasta el podio lentamente. Él levantó la vista y lució esa impecable sonrisa de un millón de dólares.

«¡Gracias, gracias!» él continuaba diciendo. Pero los aplausos de la audiencia eran ensordecedores. Ellos cantaban, ellos aplaudían, y gritaron por lo que parecía horas. Finalmente, George cantó el último coro con ellos para intentar parar los aplausos: «¡Ennn loooo proffuuuundo de nuestros corazoneees!» Él movió sus brazos como un conductor de orquesta, y después de que se aquietó la última persona, él comenzó a hablar.

Me hubiera gustado poder decirles que lo hice solo, pero no fue así. Yo recuerdo cuando estábamos trabajando en el negocio desde nuestra casa, y nuestros vecinos no sabían lo que estábamos haciendo. Ellos pensaban que nosotros éramos personas extrañas porque después de nuestra reunión de cada noche, yo salía afuera con mis auspiciadores y yo les decía, «¡Levanten su Volumen Personal!» Ellos me gritaban, «¡Levanta el tuyo!» Nadie de afuera entendía a lo que nos referíamos. Pero no importaba. Yo nunca quise poner un límite a lo duro que yo iba a trabajar. Y créalo, después que llegamos a ser Diamantes fue algo hermoso.

La primera vez que recibimos nuestro bono yo le dije a Mamá, «Ey, vámonos y gastémonos cada centavo de este bono.» Y efectivamente, nosotros salimos y tratamos de gastarlo. Fue difícil pero nos las arreglamos para hacerlo después de unos días yendo de compras. Pues, cuando voy de compras, a mí me gusta mantener mi dinero ordenado. A Mamá le gusta cargar el de ella en una bolsa de mano grande. Así que cuando pagaba por sus pieles y diamantes, ella lo sacaba todo y lo ponía sobre el mostrador. A Mamá le gustaba que su dinero estuviera libre. Y sabes, eso es exactamente lo que significa alcanzar el nivel de Diamante, Doble Diamante, o incluso Triple Diamante.

Ser Diamante significa ser libre. Eso es lo emocionante — la libertad. Ser Diamante es levantarse por la mañana, de forma natural — eso es lo que significa ser Diamante. Estás ahí acostado en tu cama durmiendo. Tu cuerpo dice, «Bien, ¡es hora de levantarte! Ya has descansado lo suficiente el día de hoy.» No hay campanas cantando ni alarmas sonando. Nadie te dice dónde tienes que estar y a qué hora. Nadie te presiona acerca de cómo saldrán las cosas si no te presentas al trabajo. Eres libre. Y lo mejor de esto es, Mamá está acostada a tu lado.

Tú puedes mirarla, con las manos detrás de tu cabeza y decir, «¡Mamá, estamos en el trabajo!» Te puedes acurrucar al lado de ella y decir, «¡Baby, estamos en el trabajo!» Tú ni siquiera te has movido. Simplemente yaces ahí.

En ese momento, sientes el olor del tocino que se está cocinando en la cocina. El ama de llaves viene y dice, 'El desayuno está listo'. Y te vas y te sientas ahí, quizá cerca de la piscina hoy o en la cocina con grandes puertas de vidrio, donde puedes ver los frutos de tu labor. Ves hacia la colina, y ahí está tu autobús deportivo, que está ubicado sobre la colina porque tiene su propia pista. Enseguida, hacia debajo de ese autobús deportivo está estacionado un Rolls Royce, resplandeciente bajo la luz del sol de la mañana. Es negro con una franja roja en el lado. Justo al lado está el Excalibur de Mamá, que tiene guardafangos negros con una franja roja para hacer conjunto con el Rolls Royce. Esto es ser Diamante. Cuando puedes hacer cosas buenas para tus hijos y tu niña pequeña se endereza y dice, 'Gracias por ser un hombre que sale y hace que las cosas sucedan, en lugar de quedarse sentado y dejar que las cosas pasen'.

Ser Diamante es cuando alguien de tu grupo viene hacia ti y dice, 'Ey, gracias por compartir'.

Nunca voy a olvidar, unos años atrás había una pareja en nuestra organización. Todo lo que ella quería era estar libre del trabajo para Nochebuena. Ella simplemente quería estar en casa para Nochebuena para preparar los regalos de todos sus hijos. Y su esposo … todo lo que él quería era dejar de trabajar acostado en el piso porque eso estaba arruinando su salud. ¿Sabes lo que significa ser Diamante para esos amigos nuestros? ¡Ser Diamante es ir a la casa de ellos en Nochebuena y ver que ellos son libres! Ellos ya no tienen empleos. Esto es ser Diamante.

Pues, yo sé que muchos de ustedes están en este negocio por el dinero, pero este negocio es más que dinero. Este negocio, si por nada más, me ha ayudado a ver que Mamá es verdaderamente mi reina. Pues, Mamá ahora está asegurada. Mamá ya no se tiene que preocupar por nada. Incluso si algo llegara a sucederme a mí, Mamá está segura. ¿Sabes por qué? Porque ella se casó con un hombre. Mamá se casó con un verdadero hombre. Ella no se casó con un hombrecito que mete su cola entre las piernas y sale corriendo cuando las cosas se ponen difíciles. No, ella se casó con un hombre que aguanta cualquier cosa que tenga que enfrentar y hace lo que tiene que hacer para solucionar el problema. Mamá se casó con un hombre que tiene los pantalones bien puestos.

Si yo puedo hacerlo, ¿por qué tú no? Tenemos el mismo plan, pero, ¿te importa lo suficiente? ¿Tienes los pantalones bien puestos para salir y hacer que las cosas sucedan? Mamá se casó con un verdadero hombre y nada nos va a parar. Esa es la clase de actitud que tienes que tener. Tienes que meterte eso tan dentro de ti para estar dispuesto a hacer funcionar este negocio sin importar lo que pase. Algunos de ustedes quizá no lo crean. Algunos de ustedes quizá ni siquiera creen en ustedes mismos, pero si no creen en ustedes en este momento, crean en su liderazgo. Yo sé lo que ustedes poseen. Yo creo en ustedes. Tenemos la llave para unir al mundo. Es por eso que tenemos la responsabilidad de salir y compartir esta oportunidad con cuánta gente podamos. Y yo les prometo que voy a hacer mi parte, no porque yo lo quiera para mí, sino porque Mamá se casó con un hombre.

Después de que George terminó, la mitad de la audiencia estaba aplaudiendo, la otra mitad estaba gritando a todo pulmón. Todos se pusieron de pie y estallaron en un aplauso cerrado. George se apoderó de mi mano como un guante bien puesto. Se volvió hacia mí, me miró por largo rato y me dijo,

—Mamá, lo hicimos.

Sus ojos me dijeron la historia que voy a tratar de contarles en este libro. Seguramente habíamos logrado mucho más de lo que nunca hubiéramos podido imaginar. Mucho más allá de lo que mis padres soñaron; mucho más allá de lo que sus padres soñaron. Nosotros no solamente estábamos viviendo en la cima del mundo; estábamos volando por encima de nuestros más grandes sueños. Este fue el momento que lo cambió todo.

Los primeros años

Capítulo 1

George: El «Junior» que nadie conocía

~

Cuando yo era niño, mis padres nunca querían que yo fuera a nadar. Pero yo era aventurero, así que iba de todos modos. Mis compañeros, Snake, T-nichi y yo aprendimos a nadar debajo de nuestro puente favorito en Wilmington. No podíamos nadar en las piscinas públicas debido a la segregación. Pero eso no nos detuvo. Nosotros simplemente hicimos una posa bajo el Puente Cape Fear.

Yo siempre me salía con la mía en cuanto a ir a nadar, a menos que alguien rasguñara mi piel, porque entonces se darían cuenta dónde andaba y con quién, porque el rasguño siempre se ponía blanco y pálido cuando tenía contacto con el agua.

Una vez mi abuela me dio una buena paliza a causa de eso cuando yo regresé a casa.

—¿George, anduviste en el agua con T-nichi y Snake hoy?

—No, señora —yo mentí—. Yo no he estado cerca del agua hoy. Yo corrí para que ella no hiciera la prueba a mi piel.

—Está bien Junior, quítate la ropa para que puedas tomar un baño.

¡En el momento que me desabroché el pantalón, salió un pez de mis calzoncillos! A mí nunca se me va a olvidar la paliza que me dio, ¡madre!

—*George Halsey*

Esta es la madre de George, Inez   Este es George Halsey padre.
Halsey, cuando era más joven.

Cuando Dios hizo a George, Él estaba presumiendo. El 2 de abril, de 1936, George Thomas Halsey Jr. salió del vientre de su madre con una mente para trabajar y determinación para jugar. Él nunca tomó la vida demasiado en serio, pero él también sabía cuándo era hora de aplicarse y hacer el trabajo. El mundo lo conoce como George, pero su familia lo llamaba «Junior». Él era hijo único y nació en Wilmington, Carolina del Norte. Pero tú realmente tienes que saber un poco acerca de Wilmington para entender lo

George siempre decía que se crió en un barrio marginal, pero la foto arriba revela el hogar de su niñez.

increíble que era George. Wilmington es la décima ciudad más grande en Carolina del Norte. En el momento en que George entró a formar parte del cuadro, la población era de aproximadamente 45,000 habitantes ... todos en una sola ciudad! Era un lugar muy grande con mucha gente. Pero sólo el 35% de la gente eran negros. En el lugar donde creció George, todos se conocían unos a otros. Aunque existía el racismo, en realidad él nunca tuvo que enfrentarlo porque raramente veía gente blanca. La mayoría de las mujeres se quedaban en casa para cuidar los niños y la mayoría de los hombres trabajaban en el muelle, ya que Wilmington era (y sigue siendo) una ciudad con mucho agua. Cape Fear estaba a un tiro de piedra de la casa de George.

Tenía que ser interesante ser George porque no se había criado de una manera tradicional. Primero que nada, cuando la madre de George, Inez, entró en trabajo de parto, tenía solamente catorce años. Lamentablemente, en la actualidad, tener un bebé a esa edad no es algo que sorprende, pero en aquel entonces, Inez era una bebé dando a luz a un bebé. Y George padre era solamente unos años mayor que ella. Así que Inez no sabía cómo criar a George y George padre no sabía cómo respetar a Inez. Así como esas parejas de jóvenes que se ven en tiempos actuales, esos dos no tenían la más mínima idea de lo que estaban haciendo. Ellos simplemente no sabían. Ella era una niña que tenía que lidiar la crítica, el ridículo y el chisme. Así que su primer obstáculo fue esa tremenda presión.

El segundo problema era la segregación. Cuando a Inez le comenzaron los dolores de parto, ese día con viento de abril, ella tuvo que salir de su casa, en el lado norte y viajar hasta el Hospital Comunitario, pasar por el Hospital James Walker, donde nacían todos los bebés de raza blanca. En los años treinta, el Hospital Comunitario era el único hospital que atendía partos de niños negros. Por si eso no era suficiente, ¡mencioné que la muchacha tenía solamente catorce años? Digo, Dios, ten misericordia. Yo pienso que yo no hubiera podido tener un hijo a esa edad. A decir verdad, yo sé que no hubiera podido. Yo, con trabajo empujé al que tuve, y eso fue durante mi último año de universidad.

Todo eso para decir, que a lo largo de los años yo he desarrollado bastante misericordia para Inez y George padre. Ellos fueron presionados por todos a casarse y por eso lo hicieron. Era una costumbre en aquel entonces, una vez que se daban cuenta que alguien estaba embarazada; la pareja se casaba de una vez. Ellos eran amigos y realmente se amaban el uno al otro, pero no tenían la suficiente experiencia para criar una familia. Ellos lo hicieron porque era lo respetable. Y yo estoy agradecida de que lo hayan hecho. Me alegra que Inez haya decidido quedarse con él. Yo no puedo imaginarme cómo hubiera sido mi vida si no hubiera conocido a George.

No mucho después de que George naciera, la madre de Inez se fue de la ciudad y se movió a Filadelfia. El apoyo familiar se fue por la ventana. Unos pocos meses después de que ellos regresaron del hospital, George padre huyó a Norfolk, Virginia para esquivar a la policía. Pues, George padre era un poco agresivo. Él era el tipo de hombre que le demostraba a la mujer cuando él no estaba contento con ella. Él amenazaba a Inez, y en algunas ocasiones, creo que se atrevió a levantarle la mano, así que cuando la policía llegó a la ciudad preguntando por él, él se iba huyendo.

Hay que entender el patrón de conducta: Inez fue abandonada por su madre y su esposo, y dos años después, ella abandonó a George. Ella lo dejó solo en la casa por dos días, sin comida y sin que nadie supiera que él estaba ahí. Más tarde, ella se movió a Filadelfia y se refugió en el alcohol para cubrir su dolor. Mientras tanto, el papá de George ya había huido para esquivar a la policía. Como resultado, George junior no tuvo una relación cercana ni con su madre ni con su padre. Todos piensan que los hijos son más apegados a la mamá y las hijas son más apegadas al papá, pero yo creo que George luchó con la amargura que sentía en contra de su madre por mucho tiempo. Él nunca le llamó mamá, mami, mama, ni nada parecido. Él, muy raramente le llamó «Madre». Ella no era una mujer mala, era mujer guapa con muchas cualidades buenas. Pero después de casarse tan joven y tener un bebé a tan temprana edad, yo supongo que ella hizo todo lo que pudo hasta que simplemente se dio por vencida. Pero por suerte, la tía de él, Hazel, su tío James y su abuela Halsey vivían en la misma casa en ese tiempo — en frente de donde vivía Inez — así que sus tíos y tías encontraron a George y lo criaron hasta que se fue a la universidad.

A George nunca le faltó nada. Él era el orgullo y la alegría de la familia; el Junior que siempre conseguía lo que quería. Él era un consentido malcriado:

—Junior, ¿comiste algo, bebé? —gritaba su tía Hazel.

—No señora —susurraba George.

—Bien, entonces ven a comer algo antes de irte al ensayo de la banda

—Oye Hazel, ¿dónde está Junior? ¡Yo le he comprado algo!

—Ya viene a comer —gritaba Hazel desde la cocina.

—No antes de mostrarle a Junior su bicicleta nueva — gritó tío James desde el porche.

¡George se daba la buena vida! Todos mimaban a Junior, y él lo sabía. Él era el único niño en una aldea llena de tíos y tías. Todo lo que él veía estaba asfixiado de compasión. No muchos niños tenían dos o tres bicicletas, o comían todo lo que querían, o iban adonde quisieran ir. Pero su gente sabía cómo tomar algo de la nada y convertirlo en algo. Ellos eran creativos y siempre estaban pensando cómo mejorar.

Yo creo que de ahí nació el deseo de George de ser libre. George quería que todos fueran libres. George quería que todos fueran felices.

El Señor George — campeón en todo

George decidió no tomar el mismo camino que sus padres. Mas bien, se convirtió en un gran hombre con astucia para negocios. No había reto que fuera imposible para él. Cada montaña que encontraba, él la quería escalar. Siempre y cuando alguien pusiera un buen reto frente a él, hubieras podido apostar tu último dólar: George iba a tratar de hacerlo. Incluso cuando era niño, George era bueno para todo. Él era un boxeador increíble. Él pensó que llegaría a ser un boxeador famoso algún día. Él era un músico increíble. Su mejor amigo, James, me dijo que George era tan excelente, que todos pensaron que él iba a sobrepasar a todos los grandes músicos de jazz. Él era el chico de quien todos sabían que iba a marcar una diferencia en el mundo. Pero para George, él simplemente era un chico. Él siempre ha sido un chico — lleno de diversión, inocencia, y risas. Cuando él no estaba tratando de ser el boxeador, nadador, o músico más grande del mundo, George era un chico normal con tareas y quehaceres por hacer. Entre semana, George iba al Club de Niños con tía Melody o tío Horace. En las mañanas, él iba caminando a la tienda de la esquina (cuyos dueños eran una familia judía muy agradable) y se compraba galletas dulces de jengibre con valor de cinco centavos. A él le encantaban esas galletas, y nunca se las comía sin bajarlas con un vaso de leche fría. Ahora bien, puede que George dijera que él era pobre, pero ese hombre no era pobre. ¡Muy poca gente podía comprar medio galón de leche cada día! ¡Ojalá yo hubiera tenido cinco centavos en mi bolsillo para gastarlos en galletas! ¡Las monedas de cinco centavos eran regalos de cumpleaños para nosotros!

Pero al mismo tiempo, el gusto por la leche que George tenía valió la pena porque él nunca tuvo caries. Yo, por otro lado, he gastado por lo menos $30.000 para arreglarme los dientes. Yo solía decirle a mis amigos que yo había comprado un automóvil de lujo para mi boca — con coronas, puentes, rellenos y tratamientos de conductos. George era todo lo opuesto, y todo gracias a la disciplina de su niñez.

Los sábados, George limpiaba el jardín con el rastrillo.

Él sabía el valor de hacer lo que le correspondía, y a él le encantaban los animales. Cuando un pollo o un perro extraviado de la vecindad estaba enfermo, George llevaba el animal a su casa, lo cuidaba de la mejor manera que podía, y luego se quedaba con el animal como su mascota. Por eso su patio de atrás siempre estaba lleno de pollos, perros y gatos. Tú podrías haber pensado que el nombre de George era Old MacDonald porque él amaba todo tipo de animales.

En todo tiempo ama el amigo

> «George era, indiscutiblemente, uno de los hombres más inteligentes que yo haya conocido. George era además un saxofonista magistral, y esto no permitía que la gente se diera cuenta de lo tímido que él era ... especialmente al hablar con la gente.»

> —James Moore

James Moore era el mejor compañero de George desde la escuela primaria, hasta el último suspiro de George en esta tierra. George tuvo muchos amigos en su tiempo, pero él llamaba a James su hermano menor porque ninguno de los dos tenía alguien a quien llamar su propio hermano. Esos dos tenían mucho en común. Ellos amaban los instrumentos musicales; ellos eran los únicos niños en sus respectivas familias; y cuánto más viejos se ponían, más se parecían. La escuela Williston fue donde ellos se conocieron en sexto grado, y fue también ahí donde comenzó la larga jornada de amistad de la vida de George.

George fue siempre el líder. Siempre que él decidía hacer algo, todos los demás le seguían. Si George decía, «Yo no voy a ir», de repente, los planes cambiaban. Tanto George como James querían tocar saxofón. Pero cuando se inscribieron en la clase de banda, George consiguió su primera elección, James no. James tuvo que tocar trompeta, y a George le tocó tocar saxofón porque el maestro de la banda hizo las asignaciones por orden alfabético. Por suerte, eventualmente James se enamoró de la trompeta, y se convirtieron en un dúo. George podía tocar casi cualquier instrumento. A veces, él agarraba el clarinete, tocaba la batería, y le hacía un poco de cosquillas a las teclas; no para presumir, sino simplemente porque él podía hacerlo.

Posteriormente, él se convirtió en presidente de la banda y su escuela terminó presentándose en el Desfile del Festival Anual de la Azalea en Carolina del Norte y compitiendo en los concursos musicales estatales. Si no tenía que preparase para el desfile o el concurso, usualmente se preparaban para tocar en un baile.

George trabajaba tan fuerte que en ocasiones no salían hasta las 6:30 de la tarde. James vivía al otro lado de la ciudad, pero George llevaba a James en su bicicleta desde Wilmington hasta Rock Hill. Ese es el George que todos conocían en

George era un saxofonista. Él está posando con su sección.

aquel entonces; y ese es el George que todos conocemos hoy. Él era un jugador de equipo. Él nunca brillaba solo. Para George, éxito no era éxito hasta que él llevaba a alguien con él.

CAPÍTULO 2

RUTH — LA PEQUEÑA SEÑORITA JEFA

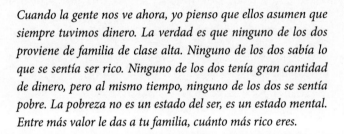

Cuando la gente nos ve ahora, yo pienso que ellos asumen que siempre tuvimos dinero. La verdad es que ninguno de los dos proviene de familia de clase alta. Ninguno de los dos sabía lo que se sentía ser rico. Ninguno de los dos tenía gran cantidad de dinero, pero al mismo tiempo, ninguno de los dos se sentía pobre. La pobreza no es un estado del ser, es un estado mental. Entre más valor le das a tu familia, cuánto más rico eres.

—*Ruth Halsey*

Mientras que George era un muchacho del agua de Wilmington, yo era una chica de la amada ciudad de Greensboro. Yo soy la tercera de siete, nacida un 11 de enero, y mi mamá y mi papá, Annie y David Graham, nos criaron a todos para que fuéramos unos chicos temerosos de Dios y amadores de la gente. Mi hermano mayor es David Graham Junior; luego está Mary Elizabeth, Ruth Helen (esa soy yo), Roy Edward, Lauretta, Mildred, y la última pero no menos importante, Joanne.

La crianza de George fue muy diferente a la mía. Yo tenía toda una aldea de hermanos y hermanas. George tenía toda una aldea de gente que lo estaba criando. Yo tenía una familia amorosa con dos padres que trabajaban muy duro.

George solamente tenía unas pocas memorias de su padre y su madre de cuando él era niño. Yo vivía al lado sur de la ciudad y vivía una buena vida. George vivía en la costa en un barrio negro promedio. A él le gustaba decirle a la gente que él vivía en un barrio marginal, ¡pero ese hombre no vivía en un barrio marginal! Eran como cualquier otra familia de negros. Nadie tenía auto a menos que fuera predicador, y a cualquier lugar adonde tuviéramos que ir, caminábamos. Teníamos suerte si algunas veces podíamos conseguir un poco de dinero para el bus por uno o dos días para hacer descansar nuestros pies. Pero aparte de eso, caminar era nuestro principal medio de transporte en aquel entonces. No se nos hacía pesado; la mayoría de nosotros nos manteníamos delgadas de esa manera.

Crecer en el hogar de los Graham

Con frecuencia escucho a gente decir, «Si se me presentara la oportunidad de hacerlo todo de nuevo, me encantaría ser niño». Bueno, a mí no. Yo no quiero ser niña nunca más, ni un solo día de mi vida. ¡Crecer en el hogar Graham no era ninguna broma! Era tanto una bendición como una carga, pero la mayor parte del tiempo, yo lo sentía como una carga muy grande. Cada vez que me daba cuenta, mi madre estaba teniendo otro bebé y mi padre tenía que trabajar aún más fuerte para cubrir las necesidades. Mi familia era muy unida. Mis hermanos y hermanas se amaban unos a otros aunque a veces peleábamos. Como cualquier otra familia, aprendimos que íbamos a tener desacuerdos entre nosotros, pero una vez que salíamos de casa, teníamos que protegernos los unos a los otros. Eso era lo que hacíamos. Aprendimos que el amor y la educación eran muy importantes. Después de Dios, la educación era la primera en la lista de prioridades.

Mis padres no se conformaban con malas calificaciones. Esa era una de las cosas con las que ellos no jugaban. Cada vez que me daba cuenta, a mí me decían lo importante que era la educación o el valor del compromiso en cada cosa que nos proponíamos hacer.

Mis padres nos enseñaron mucho acerca del compromiso. Ellos estuvieron casados por más de cincuenta años y nunca dejaron que las cosas pequeñas se interpusieran entre la familia.

Las excusas no eran una opción. No importaba las excusas que poníamos, nuestros padres esperaban que nosotros tuviéramos éxito. Para mamá y papá el éxito significaba que los hijos lograran metas más grandes que las de ellos. Sin ningún titulo o trabajo con salario alto, mi papá se aseguró de que tuviéramos comida, ropa, techo y amor. A ninguno de nosotros se le permitía que se sentara no más ahí y se rascara el ombligo. No, ¡teníamos que trabajar!

Ellos son mis padres, Annie Laura y David Graham.

Ellos no eran como esos padres que uno ve en estos tiempo donde los niños le dicen a los padres qué hacer. Ah no, si en algún momento mi madre sentía que yo le iba a contestar otra cosa que no fuera, «Sí, señora», yo me conseguía un trancazo con su mano de lado revés que me regresaba hasta los años 1800. Mi padre no era diferente. Él era severo. Él era un hombre guapo y de trato fácil, con una encantadora sonrisa, ¡pero no dejes que te engañe esa sonrisa! Él nunca le permitió a ninguno de sus hijos vivir sin valores morales, disciplina e integridad.

Si hay alguna cosa por la cual estoy más agradecida, es que ellos me enseñaron cómo ser un bueno ejemplo para mis hijos. Mi padre era un trabajador de correo del Southern Railway (Ferrocarril del Sur). Mi madre se quedaba en casa con nosotros, limpiando y cocinando todos los días. Bien, cocinar nunca «fue santo de mi devoción», pero siempre me ha gustado limpiar la casa. Yo heredé eso de mi madre. Ella mantenía la casa limpia. Ella mantenía nuestra ropa en buen estado. Aunque éramos pobres, nosotros nunca lo supimos. Nunca dependimos de nuestros familiares, de asistencia social del gobierno, o de la iglesia, para salir adelante. Teníamos demasiada dignidad para depender de ningún sistema. Nuestro único sistema era Dios y nuestra familia. Como familia, trabajábamos como un equipo para obtener todo lo que necesitábamos. Entre los hijos, mamá y papá, nosotros nos las arreglábamos.

Nuestra meta principal en la vida era perseverar. En el lugar donde vivíamos, la gente no se definía por sus ingresos; ellos eran definidos por su afán de lograr algo en la vida. Nosotros no esperábamos que algo pasara, hacíamos que pasara. Por supuesto, al igual que otras comunidades, habían algunos a quienes no les interesaba tener buena educación, pero constituían la minoría. Todos mis hermanos y hermanas deseaban asistir a la universidad o aprender un oficio para llegar a ser alguien. Llegar a ser una Aggie o Bennett Belle encabezaba nuestra lista de prioridades. No permitimos que el racismo o la discriminación nos estorbara.

Por otro lado, rara vez teníamos contacto personal con gente de raza blanca, a menos que fuéramos a la ciudad, o tratáramos de ir al cine o algo parecido. Una vez me dijeron que tomara agua de la fuente que era para personas de color y que me sentara en la parte de atrás del autobús. Sólo en ese entonces experimenté el prejuicio real… ¿pero tú crees que yo me senté donde me dijeron que me sentara? Absolutamente no. Yo sabía quien era yo y no dejé que nadie me disuadiera del lugar y derecho que yo tenía como ser humano.

Arriba estoy yo con todos mis hermanos y hermanas. En la fila superior está David y Roy Edward. Abajo: Joanne, Mildred, Lauretta, yo y María.

809 West Whittington Street

Nosotros vivíamos en una casa de tres ambientes — no tres habitaciones, tres ambientes. Todos vivían en casas como la de nosotros. Algunas personas vivían en casas más grandes, pero a nadie le parecía importante el tamaño de su casa. No estábamos atrapados en cosas superficiales como la gente está en estos tiempos. No se trataba de quién tenía el mejor auto o el mejor salario. La pregunta más grande era, «¿Soy yo guardián de mi hermano?» Así eran las cosas en mi vecindario.

809 West Whittington Street fue el lugar donde nacieron algunas de la mejores memorias de mi niñez. Era una casa blanca simple clásica, que era del estilo tradicional dúplex con sala, habitación, cocina y un porche cerrado en la parte trasera. El porche incluía un inodoro, y tenía mucho espacio en la parte de atrás. Como el secreto más guardado de un mago, durante la noche, todos los ambientes se trasformaban en tres habitaciones con una bacinica en el porche.

Bueno, cómo llegábamos al baño en la noche, no lo sé. Todo lo que sé es que lo lográbamos. Era un dúplex muy pequeño con ambientes muy pequeños. Incluso el porche de enfrente era un lugar para que pudiéramos hablar con nuestros vecinos de al lado. Su apellido era Galloway. Eran cuatro niñas con su mamá y papá. Éramos prácticamente de la misma edad, y su padre era lo que llamábamos un «repartidor de hielo». Su trabajo era conducir el camión de reparto y entregar hielo en los vecindarios para preservar la comida. En aquel entonces no teníamos refrigeradores que hicieran cubos de hielo, hielo picado, y todo lo demás. En lugar de eso teníamos una heladera. Colocábamos el hielo encima y la caja se enfriaba lo suficiente para conservar los alimentos en buen estado.

Así que teníamos nuestra heladera y teníamos una pequeña estufa de leña para cocinar y para mantenernos calientes. Por si fuera poco, ¡incluso teníamos un columpio en el porche de enfrente! (De hecho, cuando George me visitaba, nos sentábamos afuera y nos columpiábamos). En ocasiones, Mary y su novio estaban dentro de la casa y mi novio y yo estábamos afuera. Los demás simplemente se quedaban en la parte de atrás.

Mary y yo dormíamos en el sofá-cama todas las noches.

—¡Mary, muévete! —le decía yo.

—¿Qué, Ruth Helen? ¡Ya me moví! Deberías estar agradecida de que tienes un lugar en este sofá.

—Pero mis piernas están incómodas —me quejaba yo—. ¡Mary, estoy a punto de caerme de la cama! ¡Ya párale! —decía yo, y empujaba su brazo de mi lado del sofá —. ¡Mary, no puedo dormir!

—Si no te callas te voy a sacar de la cama —ella me amenazaba.

—Pero estás usando todo el espacio —le decía yo.

—¡Ruth Helen, cállate y duérmete! —decía Mary.

Yo jamás, por el resto de mis días, voy a olvidar esa casa y ese sofá. Ella era tan mala conmigo. De noche me empujaba del sofá y al amanecer, la mitad de mi cuerpo estaba colgando como una cuerda de saltar sin vida. La otra mitad de mí, estaba arrastrando contra el piso. ¡Era horrible! Probablemente yo hubiera estado más cómoda durmiendo en el piso.

Para salir huyendo de toda la frustración con que lidiaba en mi casa, a mí realmente me encantaba trabajar en la comunidad. ¡Yo lo quería hacer todo! Yo coreografiaba números de danza y enseñaba a niñas a hacer malabares con el bastón de mano. Yo trabajé en la oficina del director y era voluntaria para ayudar a las secretarias que tenían trabajo sobrecargado. Yo era probablemente una versión femenina de lo que George era en su escuela. Yo solía tocar saxofón alto, pero lo que realmente me encantaba más que todo era bailar. Así que yo me convertí en una de las principales batonistas en la escuela. El vagón de espectáculos venía a nuestra escuela y estacionaba sus «espectáculos sobre ruedas», en el césped de la parte de atrás. Yo era una de las primeras artistas en ese escenario. Pero si yo no estaba haciendo mis presentaciones en la escuela, estaba cantando en el coro de mi iglesia. Si no estaba cantando, estaba jugando tetherball, (de hecho llegué a ser la campeona en tetherball de la ciudad). Y si yo no estaba haciendo eso, simplemente me estaba divirtiendo en el parque.

Normas y reglamentos... pues si no, ¡te castigaré!

Al igual que todos los padres, mis padres dejaban que nos divirtiéramos, pero también tenían normas. Debido al lugar donde vivíamos, mi madre y mi padre eran muy protectores con todos nosotros. Definitivamente, ellos no nos dejaban ir a ciertos lugares solos, y si mi hermano mayor no iba, nosotros no íbamos. Yo recuerdo que cuando era niña, me sentía atrapada y asfixiada. Habían días que miraba hacia fuera y deseaba poder experimentar la «buena vida» como algunos de los chicos de mi vecindario. Pero la «buena vida» terminó llevándolos a ellos a lugares a los cuales a mí no me hubiera gustado ir — algunos a la cárcel, algunos a las drogas o al alcohol, y algunos al cementerio.

Nosotros no podíamos hacer cosas que a otros niños se les permitía hacer, pero con los años he aprendido a estar agradecida con mis padres por haber impedido que hiciéramos ciertas cosas. Ellos no querían que cayéramos en las trampas que estaban esperandonos por ahí. Esa era la razón por la cual ellos siempre nos mandaban en grupo. Ellos nos enseñaron a cuidarnos unos a otros. Mary, David, y yo fuimos los que pasamos más tiempo juntos hasta que David fue comisionado en el ejército. Algunas veces nos fue permitido ir a algunos conciertos que presentaban los mejores artistas de nuestros tiempos, siempre y cuando fuéramos en grupo y mis padres nos daban permiso. Roy, Lauretta, Mildred y Joanne no podían ir porque eran muy jóvenes, ¡pero déjame decirte que esos conciertos fueron tiempos buenísimos!

Con excepción de la fiesta de cumpleaños que tuvimos en la casa de mi madrina.

Fiesta en la casa de la Señorita Long

Señorita Long era una dama a quien yo llamaba madrina, pero ya tú sabes lo que pasa en las comunidades — nadie realmente está relacionado entre sí — pero todos tenían el «pase» de azotar a tus hijos. Así solía ser cuando yo era adolescente. En esta fiesta en particular, Mary y yo decidimos escaparnos y caminar con unos muchachos a la parada del autobús después de todo. Ellos eran guapos y nosotras nos consideramos encaprichadas de ellos. Así que nos fuimos.

Bueno … hasta el día de hoy yo no recuerdo los nombres de esos muchachos, ¡pero ciertamente recuerdo la azotada que recibimos cuando regresamos! Cuando mis padres se enteraron de que andábamos fuera del área sin mi hermano, ellos tomaron la correa del cinturón, lo trenzaron y nos dieron una tremenda paliza. Ellos no comenzaron con un discurso como lo hacen algunos padres. No, ¡el discurso estaba en el cinturón! El discurso se oía después de que el primer azote pagaba en tu trasero!

Mary no podía soportar que le dieran una paliza y yo siempre era la protectora. Así que cada vez que ellos levantaban la mano para pegarle, yo los alcanzaba y trataba de pararlos. Yo no era más grande que dos lámparas de lado a lado, pero ahí estaba tratando de parar a Papá para que no castigara a Mary. Cada vez que lo hacía, mi Padre se volteaba y me miraba como si yo hubiera estado loca. Yo lo estaba. Yo verdaderamente lo estaba.

—¿Qué estás haciendo niña? —preguntaba mi Padre.

—¡Ya deja de pegarle! —yo le decía.

—¿Qué dijiste?

Esta vez él lo dijo con un poco más de firmeza en su voz.

—¡Ya te dije … ya no la pegues!

Él levantó su mano hacia atrás como un jugador de beisbol profesional con el cinturón grueso negro, y estaba listo para estrellarme hasta el jardín izquierdo.

—¡Deja de pegarle! —murmuré de nuevo.

—Yo pensé que tú querías lo que ella está recibiendo. Voltéate.

¡¡Zoom!! ¡Salí corriendo! En un instante yo ya no estaba. Yo tenía mucho miedo de ser castigada, así que corrí alrededor de toda la manzana, pasé por las casas que estaban en seguida de mi cuadra, y cuando finalmente llegué a mi casa, yo entré de puntillas pensando que me había salido con la mía.

Cada vez que encendía esas luces, mi Papá estaba ahí parado esperándome para pegarme por haberme escapado.

CAPÍTULO 3

*COMÍAMOS JUNTOS — PERO NOS SEPARAMOS PARA IR
A LA IGLESIA*

∾

En el tiempo en que George y yo fuimos criados, la mayoría de la familias negras asistían a la iglesia. A la tía y la abuela de George les encantaba ir a la iglesia, así que ellas se llevaban a Junior con ellas. Y a mi familia le encantaba ir a la iglesia, así que para los Halsey y los Graham, ir a la iglesia no era opcional. Cada domingo, estábamos cantando en el coro, o repartiendo programas, o recitando Escritura de memoria. Así como también íbamos al Grupo de Jóvenes los domingos por la tarde, y hacíamos todo lo que nuestros líderes nos pedían que hiciéramos. Pero la diferencia clave entre la familia de George y mi familia, era que todos nosotros no asistíamos a la misma iglesia.

Comíamos juntos los tiempos de comida, pero los domingos en la mañana, íbamos en direcciones opuestas. Los niños caminaban a la Iglesia Metodista San Mateo. Los muchachos siempre caminaban muy lento porque realmente ellos no querían ir. Y Mary siempre era la que caminaba más rápido porque simplemente así era Mary; todo lo que yo hacía, ella quería hacerlo mejor. La caminata era de cinco millas para llegar ahí y otras cinco millas de regreso a casa.

Mi Mamá y mi Papá iban a la Iglesia Trinidad A.M.E. Sión. Trinidad estaba al otro lado de la ciudad. Había una buena prédica, una comunidad fuerte y unida, y buena alabanza. Pero era muy costoso que todos tomáramos el bus cada domingo. Así que ellos iban a una iglesia y nosotros a otra.

Ellos siempre venían a apoyarnos cuando teníamos programas especiales, pero la mayor parte del tiempo, Mamá y Papá iban a la Trinidad. Para ellos, San Mateo era una iglesia para negros engreídos. Y así era. Era el lugar adonde iban los abogados, doctores, directores, maestros y empresarios negros. Todos los que estaban fuera de ese «grupo» en ocasiones lo hacían sentir a uno como un extraño.

Un «extraño» — a mí nunca se me va a olvidar — era una señora ruidosa pentecostal que visitaba la iglesia San Mateo de vez en cuando, cuando yo era niña.

Un domingo, el predicador se acercó al púlpito. Todo estaba tan silencioso que se podía escuchar caer un alfiler.

—Si fueran tan amables, vean conmigo el Evangelio según San Juan —dijo el predicador con una voz suave.

Inmediatamente esta dama visitante se paraba y comenzaba a cantar en voz alta,

—¡Él es el Rey de Reyes! ¡Señor de Señores! Jesucristo, el primero y el último, ningún hombre hace las obras que Él hace!

—Podría usted por favor, ey ey… —dijo el pastor desde el púlpito.

—Ahhhh, lo siento señor Reverendo —dijo ella después que había terminado la canción. Luego ella se sentaba o se levantaba y se salía.

Me hacía reír mucho cada vez que venía. Nunca se me olvidó la canción que ella cantó. Ella hizo un impacto en mi vida cuando yo era pequeña, y ella nunca lo supo.

Nosotros sabíamos que éramos amados

El amor era un concepto interesante en nuestro hogar. Sin duda, éramos una familia orgullosa, ambiciosa y que trabajaba duro. Estábamos dispuestos a trabajar a cualquier costo para lograr más. Mi papa cortaba céspedes los fines de semana y mi hermano David era asistente en el campo de golf. Como resultado, él aprendió a jugar golf y además le dejaban buenas propinas por hacer el trabajo. Madre cocinaba y Mary ayudaba en la cocina. Yo trenzaba el cabello de mis otras hermanas, ayudaba a lavar la ropa y limpiaba la casa. Roy salía a hacer otras cosas, y Papá, bueno, cuando finalmente llegaba a casa, llegaba muy cansado de trabajar en su trabajo regular o por trabajar tiempo parcial en la gasolinera del señor Red. Él se lavaba las manos y presidió la mesa para cenar. En ocasiones sus padres del estado de Carolina del Sur nos enviaban carne fresca de las matanzas anuales de cochinos y de vacas.

Nosotros éramos muy protectores los unos de los otros, compartíamos mucho amor y éramos muy unidos; pero honestamente yo nunca escuché a Papá decir a Mamá, «Te amo». Ella tampoco se lo decía a él. Supongo que eso simplemente era algo privado.

Pensándolo bien, Papá tampoco nunca me dijo que me

amaba. Ninguno de los padres lo decía, pero lo demostraban en las cosas que hacían por nosotros.

Como por ejemplo, los domingos, después que Papito compró su Chevrolet nuevo, solíamos salir a pasear. Él nos llevaba a recorrer de un extremo de la ciudad a otra y especialmente le encantaba llevarnos cerca de las aguas donde él pescaba. Había un lago cercano que me dio un susto aun siendo pasajero en el carro. Pero aun así él nos llevaba ahí porque era su manera de mostrar amor.

Y Mamá, ella nunca nos dejó salir de la casa harapientos. Ella tomaba tiempo para mantener nuestra ropa limpia, para peinarnos, y para mantenernos presentables. Ella era una mujer desinteresada, y de esta manera demostraba el amor que nunca la escuché decir.

Ah sí, nosotros teníamos discusiones, tiempos tristes y tiempos alegres juntos, pero al final, sabíamos que éramos amados.

Capítulo 4

Ruth abre el baúl de los recuerdos

—¡Mamá, yo voy a ir al Instituto Hampton! —yo grité mientras entraba corriendo a la cocina después de correr media milla desde la escuela.

—¿Qué dices? —dijo ella mientras seguía preparando la cena.

—¡Mamá! Yo dije que quiero ir a Hampton. La maestra Dye dijo que yo debería ir a Hampton, y —!

—Tú vas a ir a A&T —interrumpió mi mamá.

—Mamá, pero yo pensé que me dejarías…

—A&T o te quedas en casa.

—¡Pero mamá, Mary asiste a Bennett. ¡Yo también podría ir a Bennett! Cualquier cosa menos A&T. ¿Qué voy a estudiar ahí? ¡Yo quiero ser bailarina!

Tú ya sabes donde terminé yendo — A&T. Me inscribí en 1954, y me gradué en 1958, y ahora que miro hacia atrás, no me arrepiento.

En la escuela superior yo pensaba un poco diferente. Yo quería seguir mis sueños. Yo era la bailarina principal y solista principal para los grandes recitales de danza; y lo mejor de todo, yo me había ganado la atención de la maestra Georgene Dye. La maestra Dye era la instructora principal del equipo de danza. Ella era además la más atractiva en esos tiempos. Cada vez que ella entraba a un salón, hacía que la gente la mirara. ¡Yo quería ser exactamente como ella! Yo iba a hacer todo lo que ella decía. Así que te puedes imaginar cómo me sentía cuando ella me dijo que yo debería ir a Hampton. Yo estaba tan emocionada que no podía esperar para informarle a mamá adonde quería ir. Pero mamá sabía que ellos no podían costearlo. Ella dijo una palabra que ninguna jovencita adolescente quiere escuchar cuando está creciendo, ¡No! Ese terminó siendo el mejor «no» de mi vida.

Cuando entré a A&T, yo no tenía dinero. David se acababa de graduar y Mary estaba terminando su segundo año en Bennett. Éramos siete, y una sola persona sostenía la familia, así que era difícil para mi padre hacer más de lo que ya estaba haciendo. Yo traté de conseguir una beca cuando estaba terminando en Dudley, pero no fui elegida para ninguna. Y no era porque no tuviera buenas calificaciones. De hecho, yo era una estudiante excelente, con calificaciones excelentes, pero los maestros eran parciales. Si tú no eras de piel blanca o tus padres no eran maestros, doctores, o abogados, lo más probable era que no te tomaran en cuenta. Así que ese fue mi caso.

Incluso una vez le pregunté a mi maestra porqué yo no era aceptada en la Sociedad Nacional de Honores — después de todo, yo era una estudiante que tenía calificaciones de 80s y 90s con muy pocos 70s. La única respuesta que me pudo dar era que yo necesitaba tomar más clases. ¿Más clases? ¿Eh? Yo no lo entendí. Algunas de mis amigas estaban recibiendo dinero de becas y ni siquiera habían terminado la escuela superior. Una muchacha recibió una beca completa en Bennett, y después del primer año, ella abandonó los estudios. Que casualidad que ella tenía piel blanca y bonito cabello, pero cuando se trataba de una muchacha como yo, yo no estaba tomando suficientes clases.

Esta es la clase de injusticia a la que estuve expuesta cuando estaba creciendo. Algunas personas recibieron malas noticias y decidieron quedarse donde estaban; otras, como yo, decidieron pelear. Acciones negativas siempre me inspiraron a ser mejor. Yo quería probarle a todos que yo podía. Yo siempre estaba en competencia con alguien en mi clase. Cuando danzaba, algunas personas pensaban que yo era «muy negra» para estar en el grupo. Cuando era escogida para hacer los bailes individuales, yo escuchaba a un grupo de padres hablándole a sus hijos de lo oscura que yo era. Así que, años después, cuando me involucré en los negocios, ya tenía suficiente cuero duro como para lidiar con los peores. La discriminación era un monstruo al cual me acostumbré cuando era niña. Pero lo peor de todo no pasó en la escuela, sucedió dentro de mi propia familia.

Memorias en Prosperidad

Abuela Olyer era mi abuela de parte de madre. Ella era tremenda. Ella era prejuiciosa, de piel clara, cabello largo y le dijo a mi madre que todos sus hijos eran feos. Mamá mandaba a sus tres hijos mayores en el tren durante los meses de verano a un pequeño pueblo llamado Prosperidad, a visitarla. Papi trabajaba en la estación del ferrocarril, así que él conseguía boletos por poco o nada de dinero. Mamá y

Papá crecieron en Carolina del Sur y tenían bastante terreno. Los padres de mi padre tenían acres y acres. Los padres de mi madre eran de clase media pero tenían posición social. Así que siempre que íbamos a Prosperidad, nosotros éramos los «niños feos» en comparación con nuestros primos. Si mis primos pasaban por casa de los abuelos, ellos obtenían todos los favores.

Literalmente, nosotros veíamos que se les trataba mejor que a nosotros. Abuela Olyer, por ejemplo, cocinaba para nosotros y nos daba de comer los pescuezos y las espaldas de pollo (todas las partes que realmente nadie quería comer). Pero cuando daba de comer a nuestros primos del mismo plato, ella les preguntaba, «¿Qué parte del pollo prefieren? ¿Carne blanca u oscura?» ¡Era increíble! Yo odiaba a la madre de mi madre. Ella sabía exactamente lo que estaba haciendo, y ninguno de nosotros la quería.

Por otro lado, la abuela Trannie era un amor. Después que visitábamos a los padres de mi madre, siempre íbamos a visitar a los padres de mi papá. Ella también cocinaba para nosotros, pero nunca nos hizo sentir que éramos menos que lo mejor. La mayor parte de sus días pasó trabajando en el campo (con excepción de los domingos, porque para todos, este era el día de ir a la iglesia). Ella nunca trató de actuar graciosa o parcial con nosotros. A nosotros nos encantaba verla porque recibíamos lo mejor de todo.

A mí nunca se me va a olvidar: ella solía darnos cinco dólares para gastar mientras estábamos con ella (eso era mucho dinero en aquel entonces), y cada año nos llevaban de compras a las tiendas. Por otro lado, abuela Olyer nunca nos daba nada. Vieja tacaña. ¡Dios sabe que yo no quería a esa mujer!

Una vez, ella se dio cuenta de que nosotros estábamos sacando fruta del árbol de otro señor. Al igual que otros chicos de por ahí, haciendo algo que no deberíamos haber estado haciendo, estábamos comiendo fruta y pasando un buen rato. Pues bien, el vecino que vivía a cierta distancia en el bosque, vino a la casa y le dijo que nosotros estábamos en su propiedad. Para mí eso fue el colmo; ya no aguantaba más. Yo traté de quedarme en la casa de otra tía (que vivía un poco más arriba en la misma carretera) por dos días, para ver si mi abuela se olvidaba. Pero tú ya sabes que ella no lo hizo. Ella nunca me golpeó, pero ella azotó a mi tía Nettie — «su pequeña y dulce bebé». A nosotros nos corrigieron tanto que yo prometí nunca castigar a mis hijos, pero lo hice. Yo nunca quise que mis hijos supieran lo que se siente que a uno le llamen feo, así que decidí tomar la lección que aprendí de mi familia y aplicarla con nuevos y mejores principios en mi familia.

Prosperidad, Carolina del Sur, me enseñó a tomar la vida con seriedad y demostrar las cosas en lugar de decirlas. Con agradecimiento, ahora puedo decir que amo a cada uno de los miembros de mi familia, ¡incluso a esos que me ponen el último nervio de punta!

Los años escolares

CAPÍTULO 5

GEORGE ASISTE A A&T

~

Debido a que vivíamos cerca del agua, en días agradables de verano, agarraba mi bicicleta y me iba a la playa. Me ponía tan emocionado observando los yates. Un día le dije a mi abuela,

—Cuando sea grande yo quiero tener un yate.

Y ella me dijo,

—Junior, todo lo que tienes que hacer es ir a la universidad, educarte, y te vas a poder comprar un yate.

Yo dije,

—Bien, eso parece bastante fácil.

Así que comencé a estudiar mucho y me empezó a ir bien en la escuela superior. Luego asistí a A&T en Greensboro para poder comprarme un yate. Pero había una cosa que me estaba molestando ... ¡ninguno de mis instructores tenía yate! Fue ahí donde me di cuenta que algo no estaba bien en la ecuación.

—George Halsey

George siempre fue un pensador. Él era divertido, sí, y su presencia era magnética, pero lo mejor de todo era que George sabía cómo hacer para que su mente trabajara para él. Si él podía pensarlo, él podía hacerlo. El buen pensamiento lo llevó cada vez a la puerta correcta. Una de esas puertas fue La Universidad Estatal de Agricultura y Técnica de Carolina del Norte (A&T).

George visitó A&T en lo que pareció ser un viaje fortuito de la escuela superior. Era el día dedicado a los estudiantes del último año en la escuela de George, y él y su banda, Roland, Roosevelt, Gregg y James Moore — visitaron varias universidades en el área. Cuando George llegó al campus universitario de A&T, fue amor a primera vista. ¡A George le encantó todo de A&T. ¡A él le encantaron los salones de clase, el campus, y más que nada la banda de marcha! El día que George visitó la universidad, A&T estaba compitiendo contra Florida A&M. Sin duda, A&T era la mejor. Casi inmediatamente, George y sus amigos supieron que A&T era el lugar donde ellos estudiarían.

Pero esta decisión no fue fácil. George recibió una beca completa para estudiar en el Conservatorio de Música Peabody en la Universidad de Johns Hopkins. Él también fue aceptado en Morehouse y algunas otras principales universidades también, y cada escuela estaba dispuesta a darle una buena beca.

Peabody era una de las mejores escuelas de música en el país. Si él hubiera asistido, sin duda George hubiera tocado con los mejores. Pero George la rechazó. ¡Él rechazó una beca completa y aceptó el apoyo completo de sus tías y tíos! Algunas personas no se hubieran arriesgado, pero George era un pensador. Él no pensaba solamente con su mente; él pensaba con su corazón.

Después de escuchar esa banda tocar, él sabía que era ahí donde él pertenecía. Por encima de eso, George no tenía ni un hueso de egoísmo en su cuerpo. Él era el muchacho que se aseguraba de que uno tuviera éxito al igual que él. Así que cuando todos sus amigos asistieron a A&T, la siguiente decisión que tomaron fue especializarse en música. George, por supuesto, tocaba el saxofón, y todos los demás se acomodaron bien. George se convirtió en el cabecilla nuevamente.

El primer año de George en A&T

El primer año en A&T fue una bendición. George se convirtió en el líder de sección de banda de marcha— era el chico de aspecto flaco con una gran sonrisa en la sexta fila. Luego él se unió con el Conjunto de Viento, lo que significa que tenía oído natural y no necesitaba un conductor para guiarlo. ¡George simplemente era así de bueno en la música!

Y por último, pero no menos importante, formó parte de Omega Psi Phi (junto con Fred, Paul, James, William y James Moore) en el capítulo Mu Psi de la fraternidad. Él siempre rompía records en un año, luego superaba su mismo récord el siguiente año.

Así que durante su segundo año, George declaró la música como su área de especialización, y estudió francés como segundo idioma. ¡Sí, francés! Resultó que a George le encantaban los idiomas romances, y encontró que el francés le resultaba un idioma fácil de aprender. Su maestra de francés en la escuela superior, Miss McIver, trató de convencerlo para que se especializara en eso, pero George era un pensador. Él no era la clase de persona a quien se le podía persuadir fácilmente, así que hizo segunda especialización en francés, y mantuvo la enseñanza de la música como su principal especialización de estudio. ¿Por qué? Porque esa era su pasión.

Si alguien tenía la bendición de conocer a George, sabía que él iba a ser bueno en cualquier cosa que decidiera hacer. Su pasión era llegar a ser un gran músico. Así que George caminaba tatareando melodías y golpeando escritorios para poder llegar a dominar un ritmo de Miles Davis o Dave Brubeck. Él era un hombre que estaba decidido a tener éxito en la vida. Él tenía un amor profundo por el jazz.

¿Qué te apasiona?

Si tu pasión era llegar a ser padre y cuidar de tu familia, George estaba dispuesto a ayudarte a hacerlo. Si tu pasión era llegar a ser un gran músico, George hacía hasta lo imposible para ayudarte a perseguir y lograr tus metas. ¡Él era un hombre de pasión!

—*Ruth Halsey*

Sabes, en este mundo que sólo quiere enseñarte cómo enriquecerte, yo creo que hemos perdido sin querer el deseo de estar apasionados por algo. Muchas personas quieren ver las riquezas, pero pocos de nosotros tenemos el deseo de escoger el camino que Dios ha ordenado para nuestras vidas. ¿Qué te apasiona? Esto fue lo que George siempre le preguntó a sus oyentes. Averigua qué te impulsa a ser lo mejor que puedes ser. Eso es lo que George le decía a sus hijos.

El éxito de George en A&T no fue porque el tenía suerte. Su éxito incluso después de A&T — en los negocios de Amway y más allá — fue el resultado de ser un hombre que sabía qué quería en la vida. Él nunca dejó que otra «buena idea» arruinara su enfoque en sus sueños. Él nunca permitió que un pájaro dodo que no puede volar le impidiera volar a él.

Él era apasionado y persistente. Yo creo que es por eso que tanta gente le seguía. Incluso como estudiante de la universidad, George era tan influyente que hizo que su primo, James Edward, asistiera a A&T y se uniera a la banda. De hecho, le pusieron el apodo de «la Sombra Wilson» porque todo lo que hacía George, él también lo quería hacer. La comida que George comía, él probaba. La ropa que tía Hazel traía para George a la universidad, él trataba de igualar. George era simplemente así de contagioso. Él te inspiraba a ir primero, seguir, o quitarte de en medio. Luego, él se daba la vuelta y decía, «¿Para qué me estás siguiendo?»

A mí nunca se me va a olvidar cuando George y su banda fueron a Norfolk, Virginia para un partido fuera de casa con su banda. El nombre del estadio era «Fish Bowl» (La Pecera) — un lugar conocido por todos porque el campo se parecía a una pecera. De alguna manera George se puso en contacto con su padre y le dijo que pasara por ahí. La banda llegó, y antes de que bajaran del bus, el padre de George saltó y se metió al bus y empujando entre la multitud preguntaba:

—¿Donde esta Junior? ¿Alguien ha visto a Junior?

—No conocemos a ningún junior en este bus, compañero. Te has equivocado de banda —dijo uno de los bateristas en el frente.

—¡No, no! Mi muchacho definitivamente está en este bus!

—¿Tu muchacho, eh? ¿Cuál es el verdadero nombre de tu muchacho? ¿O es Junior su nombre?

—George, George Halsey. ¿Conoces a ese muchacho?

—¡Por supuesto! —gritó la sección completa delantera del bus—. George, tu papá está ahí en frente preguntando por ti.

La escena del reencuentro fue mejor de lo que cualquier película podría representar. Estaba claro que George papá amaba a junior, y junior amaba a George papá. Ellos se abrazaron por lo que parecían horas. George estaba tan emocionado de ver a su padre, que casi no podía parar de sonreír. Los muchachos estaban sorprendidos de ver esto porque todo lo que ellos sabían acerca de George era que tenía su abuela Halsey y sus tíos y tías. Los amigos de

Archivos de la Biblioteca F.D. Bluford de la Universidad Estatal de Agricultura y Técnica de Carolina del Norte.

George se dieron cuenta de que su familia de Wilmington amaba a George. George mantenía ciertos sentimientos negativos hacia su padre porque rara vez lo veía, pero trató de no demostrarlo.

Capítulo 6

George conoce a Ruth

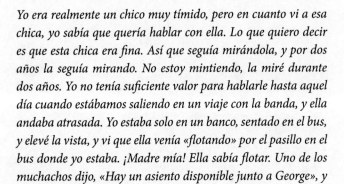

Yo era realmente un chico muy tímido, pero en cuanto vi a esa chica, yo sabía que quería hablar con ella. Lo que quiero decir es que esta chica era fina. Así que seguía mirándola, y por dos años la seguía mirando. No estoy mintiendo, la miré durante dos años. Yo no tenía suficiente valor para hablarle hasta aquel día cuando estábamos saliendo en un viaje con la banda, y ella andaba atrasada. Yo estaba solo en un banco, sentado en el bus, y elevé la vista, y vi que ella venía «flotando» por el pasillo en el bus donde yo estaba. ¡Madre mía! Ella sabía flotar. Uno de los muchachos dijo, «Hay un asiento disponible junto a George», y yo dije, «¡Madre mía! Ahora sí».

—George Halsey

Ahora yo sé porqué había tenido que asistir a A&T. Yo fui para recibir una educación y encontré el amor.

George y yo nos conocimos en un bus. Este bus estaba rentado por el Departamento de Atletismo para que la banda viajara a un juego de fútbol americano. Ese día en particular — yo recuerdo que era un día sábado — teníamos que tocar en Durham. Ambos estábamos iniciando nuestro primer año de estudios, pero George se quedó en el campus de la universidad.

Yo no me quedé a vivir en el campus de la universidad, así que papá había comprado un Buick nuevo y me llevaba a la universidad cuando tenía tiempo, o de lo contrario yo tenía que caminar o tomar el autobús de la ciudad.

Cuando finalmente llegué a la universidad, yo estaba agotada. Antes de ese día, los chicos eran lo último que tenía en mi cabeza. En verdad, un par de muchachos habían tratado de salir conmigo, pero yo estaba muy ocupada tratando de aprender cómo ser una estudiante universitaria. Yo estaba uniéndome a los clubs, divirtiéndome y abriendo camino para llegar a la cima como batonista. A mí me encantaba ser batonista.

Desde los trajes lindos hasta las presentaciones de danzas, y las largas horas de ensayo. ¡A mí me encantaba todo! Y luego como un tornado, George se apareció y me deslumbró completamente.

Él era el hombre más guapo en el que podrías poner tu mirada. La primera vez que hablamos, fue un poco incómodo porque George no hablaba mucho. ¡BUENO … él no hablaba nada!

Sin embargo, él era tan guapo, con profundos

Las batonistas: de izquierda a derecha: Lillie McNeil, Peggy Hughes, Juanita Brown, Tiyette Neal y yo. De rodillas: Barbara Dodd. Archivos de la Biblioteca F.D. Bluford de la Universidad Estatal de Agricultura y Técnica de Carolina del Norte.

camanances; y cuando se ponía de pie, lo hacía echando la espalda hacia atrás, lo cual era tan sexy.

Cada vez que George habla de nuestro primer encuentro, él dice que yo le pedí que saliéramos porque él no hablaba. Pero ciertamente yo no le pedí que saliéramos, y quizá le haya tomado unos minutos para que él decidiera hacerlo, pero por fin él se las arregló para decirme algo.

Él era todo un caballero. Siempre tan pulcro, cortés y divertido. Incluso en su casa de fraternidad en la universidad, todo el mundo quería ser como él. Cuando él caminaba por el campus de la universidad, parecía como si nada le preocupaba. Aunque él era el primero de su familia en asistir a la universidad, uno nunca podía darse cuenta cuando algo no le andaba bien. Él siempre fue bien callado. Él nunca hablaba tanto, pero siempre tenía una gran sonrisa en sus labios. ¡¡Guau!! Han pasado más de cincuenta años desde que nos echamos el ojo, y aún recuerdo esa sonrisa. Cuando George me hablaba, yo me sentía como la mujer más

Esta es la noche cuando me hice miembro de la Zeta Phi Beta.

linda del mundo. Cuando me contaba un chiste, yo me reía muchísimo. Y cuando él tocaba uno de sus instrumentos, yo sentía mariposas en el estómago. Yo era la mujer más suertuda de la universidad, y todos lo sabían.

No mucho después de nuestro primer viaje en bus,

empezamos a salir. George cargaba mis libros y caminaba conmigo a mi casa, aunque él vivía en la residencia universitaria. Cuando él no caminaba conmigo a mi casa, él pedía prestado el automóvil de su hermano de la fraternidad y me llevaba a mi casa, aun sabiendo que él debería haber estado estudiando en alguna parte de la biblioteca. Nadie de su familia tenía automóvil (yo escuché eso como un millón de veces cuando estábamos más jóvenes), pero él no dejó que eso lo detuviera.

En ocasiones yo venía caminando en el campus esperando por George, y lo oía tocar «My Funny Valentine» en su saxofón. Esa era nuestra canción. En el campus, eso era algo como nuestro código especial. Siempre que él estaba en el salón de la banda esperando, él tocaba o tarareaba «My Funny Valentine» (mi graciosa novia del día de los enamorados).

Las chicas amaban a George

Todas las chicas aparentemente lo amaban. Y como ellas lo amaban, me odiaban a mí.

Ellas realmente me odiaban; pero a mí no me importaba mucho. De hecho, cuando George decidió dar a conocer que yo le pertenecía, la chicas de Delta decidieron boicotearme de la fraternidad. Ellas hicieron todo lo que estaba en su poder para mantenerme fuera de su pequeño club. Pero en lugar de pelear con ellas, yo decidí unirme a la Zetas. ¡Las que perdieron fueron ellas!

Antiguamente la gente solía preguntarme si George había salido con otras chicas antes que conmigo. Realmente no tengo la respuesta para esa pregunta. Todo lo que sé es que yo soy la única mujer que contaba. Las chicas realmente lo amaban. No hay duda de eso. Una vez, él me contó acerca de una chica de nombre Dolores. Ella se llamaba a sí misma su novia, pero George no la llamaba así. Luego, también había esta chica acosadora que se convirtió en reina de A&T el año que yo me gradué. Ella trató muy duro de robarme a George, pero era una misión imposible. Yo era su Funny Valentine, su «Poonkie».

Eso me hace recordar que George nunca me llamó Ruth. La mayoría de la gente no sabe eso. Él siempre me llamó Mamá o Poonkie. Él obtuvo el apodo Poonkie de mi familia, que solía llamarme así cuando yo era niña. Y yo pienso que él me decía Mamá porque para él, yo soy la única Mamá que ha importado. En sus discursos alrededor del mundo, él siempre decía, «Hay una diferencia entre una madre y Mamá». Luego el me señalaba y decía, «Ella es Mamá».

Para él, no era fácil decir Ruth con sentimiento. Así que él decidió decirme Poonkie. Yo nunca le di a él apodo. Pero ese apodo se ha quedado conmigo por años. En público yo era Mamá; en privado yo era Poonkie:

—Poonkie, yo quiero llevarte esta noche a pasear por la ciudad sólo para ver lo que está pasando. ¿Crees que puedas conseguir el carro de tu papá? —susurró George.

—No creo que mi papá me preste su carro.

—¡Chica, tú sí que sabes cómo aplastar los sueños de un hombre!

—¡Ah, no! ¿Otra vez, George? Yo sé que tú quieres que yo se lo pida el carro a mi padre.

Pues bien, yo se lo pedí a mi padre. Y él dijo que sí. Yo le dije a mi padre que yo iba a cuidar bien el carro, pero tan pronto como salimos de la casa, yo dejé que George lo manejara. Terminó siendo la peor noche de mi vida.

George me llevó a un lindo paseo por la ciudad. Mi padre acababa de comenzar a dejarme usar el auto después de haber hecho muy bien mis clases de educación de manejo. Por supuesto, con lo ingenua que era en ese entonces, yo le confiaba a George en todo. Llegamos hasta el frente de mi casa, la noche era perfecta. ¡Supongo que George estaba tan emocionado de haberme llevado a pasear por la ciudad que entró en la rampa muy rápido y terminó golpeando el medidor de agua! El ruido tan alto despertó a toda la gente en mi casa, y la abolladura era difícil de ocultar. Mi padre salió corriendo y estaba furioso. Él me vio con esos ojos y vio que yo tenía las llaves en mi mano (para cuando él salió nosotros habíamos cambiado lugares), y yo me eché la culpa para que mi papá no se enojara con George. Mientras tanto George se sentó ahí con una sonrisa cursi, como diciendo, «Lo siento, Poonkie».

Claro que lo sentía.

Desde ese momento, cada vez que teníamos una cita, usábamos el carro de su hermano de la fraternidad o tomábamos un taxi.

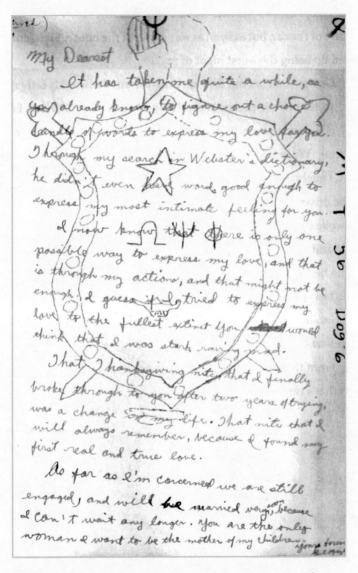

George escribió esto en la parte de atrás de mi anuario escolar. ¡Él me estaba informando que yo le pertenecía y que nosotros nos íbamos a casar! ¡Y sí, nosotros nos casamos!

Los años de lucha

CAPÍTULO 7

SEÑOR Y SEÑORA HALSEY

~

Al igual que todas las parejas universitarias, George y yo tuvimos nuestros altibajos. Éramos novios por un tiempo y luego nos separábamos. Él me sacaba de quicio, nosotros volvíamos y ser novios y luego volvíamos a romper la relación. Pero la última vez que rompimos nuestra relación, George me dijo que estaba tratando de salir con otra batonista de la banda. Sin embargo, a mí realmente no me importó, porque al mismo tiempo, un chico llamado Randy estaba tratando de salir conmigo.

—*Ruth Halsey*

Yo sé que George lo vio. Cada paso que Randy daba, George lo estaba mirando. Cada movida que Randy hacía para acercarse a mí, George cruzaba su mirada a medio campo para dejarnos saber que él estaba poniendo atención. Hasta que un día durante el ensayo, George fue hacia Randy y le dijo que no podía llevarme a casa después del ensayo de la banda. Por supuesto, a Randy no le gustó escucharlo e iniciaron una pequeña discusión durante el ensayo de la banda. Yo me senté ahí por un momento y dejé que se pelearan por mí. Luego, para calmar la situación, me metí y le dije a George que él me podía llevar a mi casa.

Esa misma noche, George me propuso matrimonio. Ni

siquiera éramos novios en ese momento, pero seguramente George se dio cuenta de que me iba a perder, así que él pidió prestado el carro de su amigo, me preguntó que si me podía llevar a casa, y cuando íbamos de camino él se paró en el autocinema.

Él dijo que quería hablar.

¿George? ¿Quería hablar? Yo debí haber sabido que el tramaba algo porque la mayoría de días, ¡George no hablaba ni aunque le pagaran! Pero de todos modos, nos estacionamos y comenzamos a hablar de las razones por las cuales habíamos terminado la relación. Le dábamos vueltas al asunto, y de alguna manera la conversación nos llevó a, «¿Te casarías conmigo?» ¡Yo estaba completamente sorprendida! Tan sorprendida, que pensé que él estaba bromeando, pero George insistió. A mí nunca se me va a olvidar. Él dijo:

—Tú me perteneces, y nadie más te va a tener. Yo quiero que tú seas mi esposa.

Luego, él se metió la mano a su bolsillo, y me puso su pin de la fraternidad.

Lo primero que dije fue…

—¡No!

—"¿No?" ¿Qué quieres decir con No?

—¡Yo no me puedo casar contigo George! ¿Qué va a decir mi madre!

—Ella va a estar de acuerdo. Todo estará bien.

—¡George, tú sabes que mi madre no va a estar de acuerdo! —yo insistí.

—Yo sé, yo sé, ¡pero yo me quiero casar contigo! Nosotros le podemos pedir a Peggy y Mack que nos lleven a Bennettsville, donde ellos se casaron. Podemos hacerlo y nadie más tiene que saber.

Supongo que yo lo consentí porque el primero de diciembre nosotros nos fugamos. Yo aún no lo creía cuando él lo dijo, pero George fue al centro de la ciudad a solicitar la licencia y le pidió a mi amiga Peggy y su nuevo esposo Mack, que si podían ser nuestros testigos. Ellos también se escabulleron para casarse, así que recibimos instrucciones de parte de ellos.

Los declaro «marido y mujer»

El día se llegó para que nosotros fuéramos y nos casáramos. Yo no sabía qué decirle a mi madre, así que le dije que iba a ir con Peggy a la misa de temprano. Peggy era católica, y esa era la manera más fácil para mí de escaparme de mi casa, así que le mentí a mi Mamá, y agarramos camino con Peggy y Mack.

Destino: Bennettsville, Carolina del Sur — estaba aproximadamente a dos horas y media. Fuimos de prisa el domingo por la mañana y regresamos el domingo por la noche. ¡Teníamos exámenes el siguiente día por la mañana y todavía teníamos que estudiar!

La boda fue como cualquier otro día. Recuerdo al juez que nos casó — su nombre, Juez Newton. Aparte de eso, no recuerdo más detalles, excepto que nos tardamos bastante para llegar ahí. Cuando finalmente llegamos a la corte, yo necesitaba ir al baño.

Por supuesto, para mi mala suerte, yo no podía encontrar un baño cerca. El juez estaba esperando. George estaba apurado. Peggy y Mack me estaban llamando. Así que, ¿sabes que hice? Yo aguante las ganas de ir al baño durante todo el tiempo que estuvimos en la oficina del juez. Yo no recuerdo haber dicho, «Sí, acepto»; yo apenas recuerdo cuando firmé el papel. Si él besó a la novia, no lo sé. ¡Todo lo que sabía es que tenía ganas de orinar!

Así que el momento que terminamos, yo salí y fui a buscar un baño. De ahí, yo me metí al carro y nos regresamos a Greensboro. Y me fui de regreso a mi casa, pero estaba muy nerviosa. Yo no sabía cómo lidiar con el hecho de que me había ido — sin el permiso de mi madre — y me había casado, pero me tenía que ir a mi casa porque tenía que estudiar. George se regresó a la universidad, porque él también tenía que estudiar para un examen. Él me dio un beso de buenas noches y las siguientes semanas las cosas pasaron como de costumbre.

Además de mí, solamente lo sabía Peggy, George y Mack, así que durante todo el día, yo me susurraba, «¡Yo estoy casada! ¡Yo estoy casada!» Pero no podía disfrutar el momento porque no se lo podía decir a nadie.

Fue como tres semanas después de que me casé que rompí el silencio y le dije a Roy que me había escapado con George y me había casado. Roy no solamente era mi hermano pequeño, él era mi mejor amigo, así que no lo pude seguir ocultando. Lo primero que él me dijo fue:

—¡Necia! ¡Estás mintiendo!

Yo le dije que era en serio — nosotros estábamos casados,

pero yo no se lo podía decir a nadie porque Mamá se enojaría.

Tú ya sabes lo que pasó después...

Roy fue y se lo dijo a una de mis hermanas, una hermana se lo dijo a la otra, y muy pronto, ¡el chisme se había regado como incendio forestal! Cuando mi mamá se dio cuenta se puso furiosa. Al inicio ella estaba enojada porque yo me había casado, después estaba enojada porque yo no le había dicho a ella primero. Ella simplemente estaba enojada. Yo la puedo escuchar ahora...

—¿De qué estás hablando de que estás casada?

—Mamá, yo estoy casada.

—¿Qué quieres decir con eso? —dijo ella a regañadientes.

—Yo te estoy diciendo que fuimos a Bennettsville y nos casamos. Peggy y Mack nos llevaron, y —

—¿Bennettsville, eh?

—Sí señora, Bennettsville. Y yo sé ...

—Bien —interrumpió ella—. Tú no sabes lo que estás haciendo. Te juro que te va a avergonzar. Ese muchacho terminó la relación contigo ¿y todavía así fuiste y te casaste con él ... de esta manera? ¡Tú solamente tienes 20 años, Ruth Helen! Te debería llevar de regreso y anular ese matrimonio.

Ay sí, ella verdaderamente estaba enojada conmigo. Pero

nunca me obligó a ir de regreso y cambiar todo. Ellos estaban decepcionados, pero con el tiempo lo aceptaron como algo que no podían cambiar y siguieron adelante.

Yo supongo que fue una luna de miel

George me llevó a conocer a su familia pocas semanas después de que mi familia se enteró. Supongo que era nuestra pequeña luna de miel, (si así es como se le llama), pero no fue nada lujoso. Fuimos a Wilmington por unos días y mientras estábamos ahí, tío James nos llevó a cenar al Club Shriners. Era un restaurante común y corriente, pero fue un gesto muy amable de su parte. Él dijo que nos estaba llevando a celebrar.

Bueno, de todos modos, después de que le dije a mi mamá que me había ido a casar, ella juró por el cielo y la tierra que yo iba a quedar embarazada. Yo insistí que no iba a ser así. Pero ella continuaba hablando como si yo ni siquiera hubiera estado hablando:

—Ruth Helen, no hay manera en el mundo de que lo puedas evitar. Vas a quedar embarazada.

Y yo le decía,

—No mamá, yo no voy a quedar embarazada. Además, George me ha dicho que él es estéril.

¡Sí! Eso fue lo que él me dijo. George me dijo que no me tenía que preocupar de nada porque él era estéril, por lo tanto yo no podía quedar embarazada.

Bien, cuando venimos de regreso de Wilmington, yo comencé a sentirme muy enferma. Yo no sabía cómo se siente una con las náuseas matutinas del embarazo, así que no la pude identificar, pero una semana después cuando fui al doctor, tú ya sabes qué me dijeron, ¿no es cierto? ¡Sí! Yo estaba embarazada.

Cinco meses después, yo estaba caminando por el escenario de A&T para recibir mi Diploma en Educación Física, y cuatro meses después de eso, yo estaba dando a luz a Karen Michelle, el 4 de septiembre.

¡Bienvenida Karen Michelle Halsey!

Dar a luz a Karen era cosa de una sola vez en la vida, y lo digo en serio, una vez en la vida. Cuando tuve a Karen, yo tuve un parto seco, lo que significa que mi bolsa de líquido amniótico no se rompió. Ella se ríe cuando yo le cuento la historia, pero lo digo en serio cuando digo que, «Mis aguas no se rompieron». Ella dice que se tuvo que haber roto en algún momento, pero todo lo que yo sé es que ¡me dolió, me dolió, me dolió! ¡Dar a luz me hizo sentir el dolor más grande que yo haya sentido jamás en la vida! Fue tanto el dolor que después que yo tuve a Karen le dije a George, «La única manera de que vayamos a tener otro bebé es que tú mismo lo tengas». Y yo estaba hablando en serio.

Karen a los dos años de edad. Fue entonces que George comenzó a llamarla «Punkin» como apodo. («Punkin» proviene de «pumpkin» que refiere a «calabaza».)

Karen era una niña tan fuerte. Después de lo que parecía horas de que yo estaba gritando y haciendo berrinche, ellos me sedaron y cuando desperté fue para ver a una hermosa bebé negra. Yo recuerdo a las enfermeras —habían muchas, con mi madre y mi hermana paseándose por mi cama y poniendo esta linda bebé en mi cara. Todos ellos señalaban, «¡Mira, tu bebé recién nacida! ¡Qué bonita!» Lo primero que yo pregunté fue, «¿Qué es?» Yo no sabía si era niño o niña siquiera. Así que ellos me dijeron, «¡Ay, es una niña! ¡Es tan linda!»

Y ellos estaban en lo cierto. Karen era una bebé muy bonita. Yo apenas podía creer que había tenido una niña, porque después de que el doctor me dio una inyección, yo quedé completamente inconsciente. Cuando al fin me di cuenta de dónde estaba, yo estaba en otra habitación y estaba muy adolorida.

George estaba en Bronx, Nueva York cuando Karen nació. Una vez que él recibió la llamada de que Karen ya estaba en este mundo, él comenzó a cantar y remolinear sobre la acera, «¡He tenido una niña! ¡He tenido una niña! ¡Mi esposa acaba de tener una niña!» ¡No me puedo imaginar a George haciendo eso, con lo tímido que era, cantando en la calle! Pero él lo hizo. Yo pienso que en el fondo de su corazón él realmente quería un niño (aunque él nunca lo dijo) porque él le enseñó a nuestra hija todo lo que le hubiera enseñado a un hijo.

Ellos se convirtieron en los mejores amigos. Cada sábado por la mañana ella se levantaba temprano para unirse con él en nuestra habitación para ver las caricaturas de los sábados por la mañana. A él le encantaban las caricaturas, especialmente las de Under Dog. Yo los escuchaba cantando la canción de apertura … «Mira … hacia el cielo, ¿Es un pájaro? ¿Es un avión? ¡No, es UNDER DOG!» Luego se carcajeaban y se acomodaban. Él le contaba historias de su niñez; The Goldfish Story (La Historia del Pez Dorado) era su favorita. Ella se reía cada vez como si hubiera sido la primera vez. Luego ellos tenían una lucha con almohadas pero yo los interrumpía enseguida. ¡Yo no quería que terminaran rompiendo mis almohadas! Algunas veces él actuaba como un niño. A ella le gustaban los carros, exactamente como le gustaban a él. Ella tenía más carros y camiones que muñecas. Ella lo perseguía por todos lados como si hubiera sido su sombra. Yo no podía creer que él la tuviera manejando carro, y cambiando velocidades a la edad de seis años.

Poco después de eso, él le mostró su colección de armas — sí, yo dije colección de armas. ¡Él le enseñó seguridad en el uso de las armas, cómo limpiarlas y cómo dispararlas! Yo la vi una vez con una escopeta de doble cañón sin mostrar señales de miedo. Ella apretó el gatillo y los dos cañones estallaron, la hizo caer al suelo y ella se levantó carcajeándose!

Después él comenzó a comprar perros (plural). Él también quería gatos, pero a mí me daban miedo los gatos, así que eso no era una opción. Pero lo compensó comprando perros. Perros domésticos, perros de caza, perros guardianes, teníamos de todo. Veías a George, a Karen y a los perros. Si ellos no estaban cuidando los perros que teníamos, ellos estaban buscando nuevos perros. Una vez yo tuve que decirles la cantidad de perros que permitía tener en la casa. Él pensó que Karen iba a ser su compañera de cacería, pero ella tenía un corazón demasiado bueno como para matar a algo, así que ellos pretendían ir de cacería. En lugar de cazar animales, se tiraban en la grama, comían panqueque (era el favorito de los dos) y hablaban de los lugares adonde ellos iban a ir y lo que iban a hacer. Eventualmente él se conformó con colocar algunas latas para practicar tiro al blanco. Ellos eran «uña y mugre». Lo que a él le gustaba, a ella le gustaba.

Capítulo 8

Haciendo alcanzar el dinero

~

«Yo solía leer esos letreros en las puertas que decían IGUALDAD DE OPORTUNIDADES. Pero cuando uno va y trata de conseguir ese trabajo, te quedas en el mismo lugar donde comenzaste — al final de la cola».

—George Halsey

Nosotros nos casamos, yo recibí mi título, teníamos un bebé y luego … las cosas empeoraron. Tú has oído que se empeora antes de mejorar, pero para George y para mí parecía como si lo mejor se estaba moviendo a cámara lenta. Por mucho tiempo yo sentí como si los mejores días estaban muy lejos de nosotros. Los primeros diez años de matrimonio batallamos para hacer alcanzar el dinero. Para una pareja de negros, fue difícil salir adelante y llegar a tener una posición en el mundo. No era que George era haragán o que yo no estaba motivada. Yo hice todo lo que pude para ser ayudante de maestra y madre primeriza, pero al inicio, cuando nos casamos, ni siquiera podíamos vivir juntos. George se fue para el Norte para poder encontrar un trabajo bien remunerado, y yo me quedé en casa con mi madre para poder enseñar. Yo creo que él trabajó en todos los trabajos habidos y por haber; pero aún así parecía como que si no lo estábamos logrando.

Primero, George consiguió un trabajo doblando cajas en una fábrica de colchones. Él bromeaba mientras hacía demostraciones, «¡Lo pones de este lado, lo doblas de esta manera, le das la vuelta por acá y lo doblas de esta manera. Se necesita mucha educación académica para doblar cajas!» Él trabajó ahí por un tiempo hasta que su jefe vino y le dijo algo que a él no le gustó, y bueno, George lo dejó tirado en el colchón. No hace falta decir, que ese fue el final de ese trabajo.

Después él consiguió un trabajo en una corporación grande. Él solía decir, «Yo comencé en la cima!» ¡Sí pues, él comenzó en la cima! Él tenía que barrer las gradas desde el décimoquinto piso hasta el de abajo.

Luego, el cuñado de George lo animó a solicitar un empleo en el departamento de policía. En la entrevista le dijeron que le faltaba media pulgada para llenar el requisito. George dice que creció media pulgada justo en ese momento y lo contrataron. Él fue agente de policía por aproximadamente siete años. Le pusieron el apodo de, «Pequeño Policía», y al inicio le dieron el trabajo de caminar «la ronda» en la calle Market.

Bueno, para esos que no saben lo que significa caminar «la ronda», eso quiere decir que tiene que patrullar a pie. La calle Market estaba ubicada en la parte negra de la ciudad. Se puede decir que ahí hay algo de bueno, pero muchísimas cosas malas. Definitivamente no era un buen lugar para que una dama joven caminara sola en la noche. La gente lo desafiaba porque él era muy bajo de estatura, pero después de derribar a varios de ellos, él ganó mucho respeto.

No todo era tan bueno en el departamento de policía. De hecho, lo malo terminó sobrepasando lo bueno. Durante el tiempo que George fue oficial de policía, Greensboro era uno de los lugares más racistas del Sur. Estaban pasando muchas cosas con los disturbios raciales que estaban en su apogeo. Por todos lados habían boicots, y los blancos y negros estaban tan divididos, que nosotros ni nos tomábamos la molestia de hablarle a alguien que no fuera negro. Nos manteníamos distanciados de la gente y nos ocupamos de nuestros asuntos.

Un día, mientras George estaba trabajando en el departamento de policía, se desató un motín en el campus de la universidad. Fue tan serio que un estudiante resultó muerto. George llegó a casa con sangre en su uniforme. Yo no sé exactamente qué pasó porque George nunca nos dijo por completo (supongo que estaba tratando de protegernos). Él simplemente estaba en el lugar equivocado, en la hora equivocada. Él estuvo en medio del motín, y tuvo que pelear con los que estaban metiéndose con él.

Después de su turno él entró lentamente a la casa y yo vi toda esa sangre. A mí nunca se me va a olvidar. Nosotros estábamos conmocionados. Lo abrazamos y George se portó simplemente como George: tratando de calmarnos y nos informó que todo estaba bien. Pero basta con decir que pocos meses después, George entregó su uniforme y terminó su carrera como agente de policía.

La violencia no fue la única razón por la que él entregó su uniforme. En ese tiempo, George nunca pudo subir las escaleras del éxito. A decir verdad, cada vez que se presentaba una posición de ascenso en su camino, nunca se lo daban a él. La primera excusa que ponían era que él no calificaba. Él no había terminado sus estudios. Así que esa excusa funcionó por un tiempo, pero cuando él terminó sus estudios en A&T, le salieron con otra excusa para evitar que él ascendiera en su carrera. Pero si tú conoces a George, tú sabes que él nunca estaba satisfecho quedándose en el mismo nivel. Él era demasiado pensador para estar satisfecho y complaciente en el nivel que estaba.

Creo que por eso en el negocio de Amway, un poco después, realmente encajamos como pareja. Ambos éramos competitivos. A ambos nos gustaban los retos y ninguno de los dos se conformaba con lo que los demás dijeran que no podíamos lograr. ¡Si alguien más podía hacerlo, nosotros también!

Así que después de haber sido atrapados en un compás de espera en el departamento de policía, George decidió meterse en algunos empleos más. En un momento dado, él trató de vender zapatos marca Steward McGuire; pero el hombre no hablaba, así que eso no dio mucho resultado.

Luego fue contratado en Nationwide como ajustador de seguros. Como agente de seguros, le dieron un carro de la compañía y él cargaba su portafolios con orgullo y dignidad. A mí nunca se me va a olvidar ese carro. George tenía un Chevrolet Impala de color vino tinto. A él le encantaba porque su familia nunca había tenido carro propio. Él lo manejaba como si hubiese sido uno de los carros más finos que se hayan visto.

Él era un verdadero hombre de negocios en esa etapa de su vida — de hecho, él fue uno de los primeros hombres negros ajustadores de seguros para la compañía Nationwide. Cuando George iba a las conferencias de Nationwide, la mayoría de veces él era el único representante negro parado en frente de mucha gente blanca.

Ahora, si tú me preguntaras, yo te diría que Dios lo estaba preparando para el siguiente capítulo de su vida. Él siempre andaba pulcro. Él vestía terno y corbata todos los días. Él creía en la importancia de llegar en punto al trabajo, y él nunca dejó que nadie lo disuadiera de una oportunidad.

Él me prometió una casa

Un día, Mamá y yo estábamos en el salón de instrumentos musicales y yo comencé a hablar con ella. Yo le dije, «Si te casas conmigo, nunca tendrás que trabajar. Yo te voy a poner en una casa grande, con carros finos, abrigos de pieles y anillos de diamantes.»

Y pues sí, muchachos, eso es lo que decimos cuando andamos cortejando. Pero cuando nos casamos, ¡ellas lo llaman a uno mentiroso!

Así que nos casamos y yo conseguí una habitación; era una habitación en el ático de la casa de una señora. Mamá estaba enojada porque a ella nunca se le había olvidado la promesa que yo le hice.

Así que gasté un poco más de dinero y conseguí un apartamento de un cuarto completo para nosotros. Yo estaba tan emocionado que no podía contener mi emoción. Yo pensaba que estaba avanzando, pero ella seguía enojada.

Ella me preguntaba, «¿Dónde está la casa grande?» Ella seguía molestándome. Hasta que un día, me sentí realmente un aventurero y me conseguí una casa de cinco recámaras; era una casa nueva. ¡Yo estaba tan emocionado, no podía controlarme de la emoción! Yo creo que vivimos en esa casa cerca de tres años.

Y un día, estábamos ahí sentados en la sala y ella dijo,

—George, sabes, yo no quiero una casa grande.

Y yo le dije,

—Yo sé lo que quieres decir; yo tampoco.

Ella dijo,

—Sí, porque tendría que trabajar a morir para mantenerla limpia.

Yo le dije,

—Yo sé lo que quieres decir. —Luego le dije—, a mí tampoco me gustan los Cadillac. Ese carro grandote gastando toda esa gasolina.

Y ella dijo,

—Sí, ¿y sabes qué? A mí tampoco me gustan los anillos diamantes. Alguien podría venir y cortarme el dedo, tú sabes.

Lo que pasó ese día es lo que le está pasando a mucha gente ahora mismo. Estábamos reduciendo nuestros sueños a nuestro ingreso. Queríamos vivir en una casa grande, pero nunca se nos enseñó a soñar. Pero una de las cosas buenas de Mamá es que ella siempre me empujaba a hacer más. Ella solía decirme, «Si lo puedes soñar, lo puedes hacer».

—George Halsey

Hasta este momento habíamos estado en una locura de altas y bajas en lo financiero por aproximadamente diez años, pero las cosas estaban comenzando a nivelarse poco a poco. Por un poco más de una década, Karen había sido hija única, y como ya te dije, mi decisión estaba tomada: yo no iba a empujar y dar a luz a otro. Pero George quería otro bebé. El quería un niño y yo quería una niña. Así que decidimos adoptar. Ahora bien, la mayoría de la gente que nos conoce actualmente no tiene la menor idea por qué decidimos adoptar a John. Y no hace falta decir que el proceso de adopción fue una de las cosas más difíciles que habíamos hecho. La agencia de adopción quería que cumpliéramos con muchos requisitos antes de entregarnos a John — revisión de antecedentes, recomendaciones, reportes de ingresos, archivo por aquí, aplicación por allá; todo el proceso tomó aproximadamente un año antes de que nos lo entregaran. Solamente habíamos visto fotos de él, (ninguna visita domiciliaria). Pero el día que conocimos a John fue un día memorable.

El 27 de julio de 1969. John tenía cinco años cuando la trabajadora que llevaba el caso nos llamó y nos dijo que fuéramos al parque a conocerlo. Todos estábamos felices menos Karen. La encargada del caso le había dicho a John que solamente estaban yendo al parque a jugar. Ella nos dijo que podíamos ir al parque a verlo jugar. Bueno, para cuando se terminó el día, John estaba en nuestro carro. Nosotros lo estábamos llevando con nosotros a nuestra casa, y él estaba llorando todo el camino, «¡Yo quiero a Miss Louise!».

Has oído bien. La trabajadora del caso nos dijo que lo lleváramos a casa ese día, y John no tenía idea de quiénes éramos nosotros. Para él, nosotros éramos dos personas secuestrándolo de la persona que lo cuidaba, Miss Louise.

Yo, entrenando el Equipo de Basquetbol Page Girls.

Ese niño lloró y lloró y lloró. Por semanas, él estuvo preguntando por Miss Louise.

—¡Yo quiero a Miss Louise!.

—¿Puedes llamar a la Señorita Louise?

Dentro de los primeros días, John trató de escapar para encontrar esta dama de piel blanca de nombre de Señorita Louise. Yo no sé a quién echarle la culpa de todo esto, pero creo que las personas que trabajaban en la agencia de adopciones no dieron suficiente tiempo para que nuestro hijo pudiera hacer la transición. Él estaba asustadísimo y Karen estaba celosa. Ella no podía soportar que otro niño viniera a nuestra casa y se robara toda la atención que era sólo para ella. Ella te podría decir hoy, que cuando John vino a nuestra casa por primera vez, ellos siempre estaban peleando. Incluso años después de crecer juntos, John and Karen no se llevaban muy bien. Por fin, ambos se acostumbraron.

Pero la nueva adición a nuestra familia hizo que nuestras vidas fueran más interesantes. Tener un niño para quien nunca tuviste que cambiar pañales fue diferente. Oír que me llamara «Mamá» fue una cosa grandiosa, pero me tomó un poco de tiempo acostumbrarme.

La mayor parte de su infancia, John fue un niño muy bueno. Todos pensaron que él se iba a convertir en predicador porque desde la primaria hasta los primeros años de la secundaria, John fue de esa clase de muchacho que quería ir a la iglesia, tenía una actitud positiva y casi no se metió en problemas. Pero eso de repente se convirtió en algo amargo durante los años de escuela superior, cuando John empezó a meter sus narices donde no debía.

Lo que aprendí de John

Cada relación te enseña una lección acerca de la vida. Lo que aprendí de John es que los padres necesitan dar amor, dar amor, dar amor — por muy fuera de control que sus hijos actúen. John y Karen fueron criados en un hogar lleno de amor. Nosotros no mostramos predilección por ninguno de los dos, aunque Karen diga otra cosa — tratamos de hacer lo mejor que podíamos para criarlos en un buen hogar y cuidarlos de la mejor manera que podíamos hacerlo. Pero la verdad de las cosas es que algunos chicos hacen lo que ellos quieren hacer. No fue mi culpa que un niño haya resultado ser de una manera y el otro de otra manera. Yo traté de ser la mejor madre que podía ser, y eso fue lo que me sostuvo durante esos tiempos cuando John comenzó a robarnos, o involucrarse en drogas. Como ya lo dije, él no era un chico malo — nunca lo ha sido — pero las influencias negativas pueden convertir a un buen chico en un chico malo, cualquier día.

De lo que yo estoy más agradecida con John es que él nos respeta, nos ama, y nos llama de vez en cuando. Él está mucho mejor ahora porque él siempre ha sabido que nosotros lo amamos. Y yo sí lo amo.

De todos modos, yo he dicho todo eso para poder decir, que George y yo pudimos adoptar porque nos estábamos moviendo hacia una posición más alta en el mundo. Estábamos subiendo la escalera, de tener una habitación a tener un apartamento, y luego a ser dueños de una casa.

En realidad comprábamos una casa más grande cada siete años. Para ser personas de raza negra, en cualquier lugar de Estados Unidos, nos estaba yendo muy bien.

Durante este tiempo, cuando vivimos en el apartamento, por un tiempo solamente, compartimos nuestro apartamento de cuatro habitaciones y un baño con los ahora conocidos mundialmente, Jesse y Jackie Jackson. George conoció a Jesse en la Universidad A&T. Ellos eran amigos y hermanos de la fraternidad Omega. Eran tan buenos amigos que cuando Jesse y su esposa necesitaban un lugar donde quedarse, se quedaban con nosotros en nuestro apartamento, dormían un nuestro sofá y yo tuve el privilegio de nombrar a su primer hija, «Santita». Nosotros sentimos un gran respeto por la familia Jackson.

La verdad era que...

Mi trabajo era estable. Yo era maestra de educación física, entrenando basquetbol y asistiendo todos los demás deportes. También era encargada de un grupo de danza llamado «Pirateers of Page High School». George, por su lado, estaba llevando a casa un ingreso estable como ajustador de seguros.

Así que yo pensaba que nos estaba yendo súper bien.

En realidad, estábamos viviendo de cheque en cheque. Rara vez cancelamos nuestras cuentas porque no nos alcanzaba. No teníamos dinero ahorrado o un buen paquete de retiro, pero no nos molestaba porque además podíamos disfrutar de unos pocos «juguetes» nuestros.

Estar casada con un soñador sin dinero puede ser un reto.

Una vez él compró dos motocicletas, ¡una para Karen y una para él, y ninguno de los dos podía conducir! Él puso las motos en nuestro estudio frente a la televisión y ellos miraban TV sentados en las motocicletas que no sabían conducir. Yo me río sola pensando de cuando un episodio de «Gunsmoke» aparecía en la tele, ellos saltaban de las motos, se ponían en lados opuestos de la habitación, fingían que tenían pistolas y fingían un enfrentamiento. Cuando llegaba el momento de disparar, George se caía en el piso, Karen siempre ganaba, luego se volvían a subir a las motocicletas y seguían viendo el programa. Para la primavera, los obligué a que sacaran esas motos de la casa.

La primera casa rodante que tuvimos, George fingió que estaba haciendo demostraciones para la compañía que trabajaba. Después de dos semanas de «demostraciones», él sugirió que la lleváramos a un viaje. Yo le dije que no iba a viajar en algo que no pertenecía a nosotros. Fue entonces cuando él nos dijo que la había comprado. Fue así como empezamos a acampar. No conocíamos a nadie que acampara, aprendíamos a medida que avanzábamos y créeme, yo no estaba feliz al inicio, pero seguimos avanzando. La mayoría de veces nos llevábamos a un montón de niños del vecindario para que ellos también tuvieran esa experiencia.

En esos días, los negros no acampaban del todo, así que estábamos yendo a lugares donde no siempre éramos bienvenidos.

Eso no detuvo a George. Con su mapa, él seguía buscando hasta que encontraba uno donde fuéramos bienvenidos. Yo me casé con un hombre que no paraba ni aunque se topara con una pared. Él regresaba, trataba otra dirección hasta que conseguía lo que quería.

Estos son nuestros auspiciadores, Mark Williams y su esposa.

Nosotros viajamos por toda la costa este de Norteamérica de esta manera, desde Quebec, Canadá hasta Key West, Florida. Cada verano escogíamos un lugar en el mapa e íbamos. Tomábamos el resto del año para pagar el viaje que acabamos de tener, soló para empezar a planear otro para el verano siguiente.

Para 1973, yo estaba manejando un Lincoln Mach 3 nuevo y George nos había movido a una casa de cuatro mil pies cuadrados (372 metros cuadrados). Sí, yo llegué a tener mi casa de 5 habitaciones. A George le gusta contar la historia de que una semana después de que nos movimos a esta casa, yo ya estaba soñado con la siguiente. Todavía teníamos cajas en nuestra sala de estar, pero yo ya estaba diciendo, «Bueno George, cuando compremos nuestra próxima casa….» Así era yo. Incluso en la casa de Highberry donde vivíamos, no podíamos costearla (para ser honesta) pero pensábamos que podíamos. De hecho, solicitamos un segundo préstamo inmobiliario, ¡encima del que ya habíamos calificado!

Pero en nuestra mente, eso era mucho mejor que lo que nuestros padres habían hecho. Así que estábamos orgullosos de nuestros logros. Estábamos orgullosos de ver desde dónde habíamos venido y hasta dónde Dios nos había permitido llegar.

Al igual que George, yo nunca estaba contenta. Yo siempre estaba tratando de alcanzar algo más grande y mejor. Solamente que no sabía dónde estaba eso más grande y mejor, ni cómo conseguirlo. Ahora teníamos dos niños, un montón de facturas, y estábamos viviendo por encima de lo que podíamos costear.

Fue entonces cuando una joven pareja de raza blanca llegó a nuestras vidas. Gracias a ellos, nuestras vidas cambiaron para siempre. Se llaman Mark and Carolyn Williams.

Capítulo 9

La mejor decisión que hemos tomado

≈

Cada mañana se despierta una gacela. Y ésta sabe que tiene que correr más rápido que el león o será comida. Cada mañana en África, un león se despierta y sabe que debe correr más rápido que la gacela o morirá de hambre. Así que no importa si eres una gacela o un león, cuando sale el sol, deberías estar corriendo.

¡Te veré en la cima!

—*George Halsey*

Siempre vale la pena hacer el bien por la gente. Cuando tu corazón está lleno de amor, no puedes evitar ser dadivoso. Y cuando tienes un espíritu dadivoso, incluso si no tienes mucho dinero, aun así puedes hacer la diferencia en las vidas de las personas, siendo considerado, compasivo e interesándote en otros.

Si había alguien que sabía cómo hacer esto bien, ese era George. George siempre estaba haciendo cosas buenas por la gente, incluso cuando esas mismas personas no estaban haciendo cosas buenas por él. Él era el muchacho generoso que se aseguraba de que todos salieran beneficiados, de otra manera él no aceptaba un regalo que fuera solamente para él.

Nuestra jornada con Amway no inició porque teníamos toda la información exclusiva de esta exitosa empresa. Encontramos a Amway porque George andaba ocupado haciendo una buena obra para un hombre llamado Sr. Bennett. El Sr. Bennett presentó a George a otro hombre llamado Sr. Mark Williams. La historia es muy interesante, así que sigue conmigo.

Sr. Bennett y George trabajaban juntos en la misma compañía de seguros. George lo cuenta mejor que yo, así que voy a incluir su resumen. Es un discurso que él ha dado alrededor del mundo. Cada vez que íbamos a dar una conferencia, le decíamos a miles de oyentes cómo nos topamos con la mejor decisión de negocios que habremos tomado jamás.

Esta es la casa rodante de la que éramos dueños antes de entrar al negocio. No tenía aire acondicionado, así que solíamos pararnos cerca de la ventana para que nos pegara el aire. Nuestro auspiciador, Mark, dijo que quería comprarla, pero lo que realmente quería era mostrarnos el plan. Así fue cómo consiguió que nos metimos al negocio. Esta casa rodante nos ayudó a transportar nuestros productos.

Cuando estaba trabajando en mi empleo, había un hombre en mi oficina que era agente. Él era más o menos nuevo y yo le daba algunos posibles clientes. Así que él se emocionó porque nadie más lo estaba ayudando. Para mí no era gran cosa. Yo quería que le fuera bien, así que de vez en cuando le traía nuevos posibles clientes. Hasta que un día él dijo, «George, ¿sabes que voy a hacer? Te voy a encaminar hacia una gran oportunidad».

Bueno, por un tiempo yo le había estado diciendo a los compañeros de trabajo que quería vender mi casa rodante. Fue una casa rodante vieja — no tenía aire acondicionado, necesitaba una buena pintada y yo me quería deshacer de ésta — así que Sr. Bennett estableció un juego entre mi futuro auspiciador y yo. Él hizo los planes para enviar a Mark a mi casa para que viera mi casa rodante, o así creía yo; y de paso, Mark me iba a mostrar «El Plan». Yo estaba en medio de todo, tratando de vender mi casa rodante, y de esa manera todos querríamos algo de la otra persona. Al inicio el Sr. Bennett le dijo a Mark que viniera a mi casa, pero Mark no quería venir porque alguien le dijo que los negros no podían hacer este negocio; así que él no se molestó en llamar.

Unos días después, Bennett vino hacia mí y me preguntó, «¿Te llamó Mark?» Yo le dije que no. «Bueno, déjame llamarlo de nuevo», dijo Bennett.

Y él lo llamó de nuevo. Esta vez, Mark contestó el teléfono y se puso en contacto conmigo para hacer una cita para reunirnos en mi casa.

Bueno … ¿supongamos que él no me hubiera llamado? Supongamos que Bennett no le hubiera llamado de nuevo a Mark. ¡Yo estaría de camino a mi trabajo el lunes!

Así que finalmente Mark llama y dice,

—Sr. Halsey, yo estoy expandiendo mi negocio en su área y estamos buscando a unas cuantas personas inteligentes a quienes nos gustaría involucrar. El Sr. Bennett me habló de usted.

Yo dije,

—Bien, eso suena muy bien.

Y luego pensé, tal vez pueda convencerlo que venga a mi casa y quizá él compre la casa rodante y luego puedo escuchar lo que él tiene que decir y terminaremos con el negocio.

Efectivamente, Mark vino a mi casa esa noche y antes de que yo le mostrara la casa rodante, él me mostró el plan. ¡Y tan pronto como me mostró el plan, yo me emocioné! Yo sabía que eso era todo.

Después que él terminó su presentación, Mamá estaba ahí sentada con la mandíbula que se le salía, enojada. Mark dijo, «Quiero que escuchen estas cintas de grabación, que lean esta literatura», y eso fue exactamente lo que yo hice. El día siguiente me fui a la oficina, y lo primero que dije cuando abrí la puerta fue, «¡Increible! Con esto tú puedes ganar un montón de dinero!»

Después de que mis compañeros de trabajo terminaron de reírse de mí, yo me fui a casa y abandoné el negocio el mismo día que me metí.

Yo llamé a Mark y le dije, «Yo no creo que lo vaya a hacer». Él trajo otra cinta a mi casa y me emocioné de nuevo.

Fui a la oficina la siguiente mañana; ellos todavía se estaban riendo de mí. Así que imaginé, «Yo no debería meterme en esto». Cuando llegué a casa llamé a Mark y le dije,

—Yo no puedo hacer esto, no va a funcionar.

Mark vivía aproximadamente a dieciséis millas (veintiséis kilómetros). Él vino a mi casa, se sentó en la cocina, me miró directamente a los ojos y dijo,

—Bien George, de todos modos yo no creí que pudieras hacerlo.

Él realmente no debía haberme dicho eso. Yo no creo que él haya sabido realmente lo que me estaba diciendo. El asunto fue lo siguiente: un hombre blanco de 21 años de edad sentado en mi cocina enfrente de mi esposa, ¿diciéndome que no podía hacerlo? Bueno pues, lo que hizo más bien es que realmente logró entusiasmarme. Yo me alejé de esa mesa pensando, «Te voy a demostrar que sí puedo, compañero».

Yo le dije a Mark,

—Tú me dices lo que tengo que hacer y por un año yo voy a hacer exactamente lo que me dices, y si no funciona, entonces va a ser tu culpa.

Y en respuesta él dijo,

—Bueno, lo primero que tenemos que hacer es tener una reunión.

Mark me ayudó a arreglarla y yo tuve mi primera reunión. Lo que Mark me decía que hiciera, yo lo hacía. Si él tosía, yo tosía. Yo tomé la determinación de seguir sus instrucciones al pie de la letra. Pocas personas vinieron a la primera reunión — nadie se inscribió. Unos cuantos más vinieron a la segunda reunión — nadie se inscribió. La tercera vez, yo fui a la casa de un tipo, le leí el plan que tenía anotado en una ficha. ¡Él se entusiasmó y se inscribió!

Esto es lo que George le decía a todo el mundo cuando viajamos a hablar en diferentes organizaciones. Pero déjame hacer una pausa y aclarar algo. George solía decir que yo estaba enojada. Yo realmente no estaba enojada (aunque tal vez parecía enojada), pero yo tenía razones para tener mis sospechas. ¡Mark Williams era un muchacho blanco de 21 años! Nosotros éramos negros y él era blanco. Algunas personas dicen que ellos no ven el color, pero con lo oscuro que somos, era imposible que no lo vieran.

Así que aquí está este muchacho diciéndonos que nos va a enseñar cómo ganar dinero, pero por su apariencia, él no parecía tener mucho dinero. Nuestro carro era mejor que el suyo, por la apariencia parecía que nuestra ropa también era mejor, y él era mucho más joven que nosotros, por eso yo no me lo creía. George se emocionó, pero yo no. Yo no sabía de lo que estaba hablando; nunca había escuchado hablar de Amway. George por lo menos había visto el líquido aerosol para zapatos. Pero yo nunca había escuchado el nombre ni había visto sus productos. Así que ahí estaba yo, escuchando a este muchacho hablar de negocios para que pudiéramos ganar un poco de dinero. George quería aproximadamente 400 dólares más y yo simplemente quería que Mark saliera de mi casa.

Pero siendo la mujer cortés que soy, yo esperé que terminaran la primera reunión. Esa noche Mark le dio un libro titulado

THE MAGIC OF THINKING BIG, (LA MAGIA DE PENSAR EN GRANDE), escrito por David J. Schwartz. Él le dijo a George, «Hagas lo que hagas, no leas más allá del primer capítulo porque no podrás manejarlo. Solamente lee el capítulo uno por ahora». Así que por supuesto, George se quedó despierto toda la noche leyendo todo el libro. Él fue y le dijo a todo el mundo que él iba a ser rico. Yo me refiero a que se lo dijo a todo el mundo. Todo lo que Mark le decía que hiciera, George lo hacía. Nosotros hicimos una demostración de los productos exactamente igual a la que hizo la esposa de él.

Ahora, lo interesante es que George no era un orador público. Especialmente cuando empezó, él siempre tenía mucho miedo de hablar en público. Él practicaba con nuestro perro antes de hacer la demostración frente a alguien más. «Mostrar el plan» era la manera que Amway tenía de decir que estábamos introduciendo el negocio a esos que quizá estarían interesados en unirse a la familia Amway. No se podía mostrar el plan (en aquel entonces) sin una pizarra, un caballete, un borrador y tiza. Pues bien, George se ponía tan nervioso mostrando el plan que la tiza se espolvoreaba por todos lados. Había polvo de tiza por todos lados el primer día que practicó. Él estaba tan emocionado, que él no sabía qué hacer. Así que se tomó un día libre del trabajo y se aprendió todo en un día. Para cuando llegué a casa, después de enseñar, él me mostró el plan y después de escucharlo, parecía que él estaba listo para hacer lo que tenía que hacer.

¡Apuros!

Al principio cuando arrancamos, realmente no era difícil. La gente se estaba inscribiendo y teníamos una casa llena de gente. Lo difícil fue que teníamos citas con gente dentro y fuera del pueblo. Teníamos que trabajar todo el día en nuestros empleos y en la noche hacíamos reuniones. Yo recuerdo una vez que fuimos a Goldsboro a mostrar el plan. Estaba lloviendo. Apenas podíamos ver. Cuando llegamos ahí, ¡la gente ni siquiera abrió la puerta! Incluso los vimos asomarse por la ventana, pero no abrieron la puerta.

Otra vez, George hizo una cita en Delaware para mostrar el plan a una pareja, y cuando llegamos, el hombre abrió la puerta, se dio cuenta que era él y dijo, «Yo pensé que estabas bromeando». Otra vez él manejó desde Greensboro a Jacksonville, Florida, solamente para que le dijeran que no estaban interesados. Fue ahí donde aprendimos que los deseos de la gente de estar en el negocio tenían que ser más fuertes que los deseos de George de que ellos estuvieran en el negocio.

Pero de todos modos, sigamos con el relato de George:

Comenzamos a tener reuniones en nuestro sótano. Las reuniones comenzaron con poca gente, pero con el tiempo, yo estaba parado contra la pared dibujando círculos. Llegó a ser tanto, que tuve que separar a la gente nueva de esos que ya estaban en el negocio. La gente andaba por ahí dando vueltas y decía, «¡Yo quiero inscribirme! ¡Yo quiero inscribirme! ¿Qué tengo que hacer?» Yo llamaba a Mark y le decía, «¿Qué tienen que hacer?» y Mark me decía, «Bueno, tienes que hacer otra reunión». Esa era su respuesta cada vez, no importa cuántas veces le hacía la pregunta. Pero se estaba volviendo una locura y finalmente ya no pudimos con todos ellos.

Fue entonces cuando Mamá y yo nos sentamos para pensar qué íbamos a hacer. Comenzamos a entrenar. Comenzamos a entrenar a los maestros. Si encontraba a alguien que estaba tibio y respirando, le mostraba el plan. Y si podías seguir instrucciones, yo te enseñaría para que pudieras entrenar a otros. ¿Por qué? Porque tenía que probar algo. Yo me había propuesto esa meta para el fin de mes, y trabajamos fuerte. Yo siempre les decía, este negocio es simple. No es fácil, pero si has estado en el negocio suficiente tiempo, tú sabes todo lo que necesitas para llegar a ser un Diamante.

Al mismo tiempo yo les decía: tengan cuidado de la gente que trate de robarles su sueño. Nosotros los llamamos «ladrones de sueños». Ellos parecen inteligentes. Ellos suenan muy inteligentes. Y ellos pueden salir con algunas teorías del porqué no va a funcionar. A decir verdad, yo creo que estos ladrones de sueños tienen sus convenciones. Todos ellos dicen lo mismo, ¿no es así? Algunos de ellos van a conseguir sus kits, se van a meter en tu negocio y van a robar tu sueño. Me refiero que en ocasiones esos que están más cerca de ti van a tratar de robártelo.

Mamá trató de robarme el mío tan pronto como yo me inscribí. Ella decía, «Yo no voy a hacer eso». Y cuando llegó mi primer cheque PV, era de $3,91. Ella se rió y dijo: «¡Madre! ¡No te vas a enriquecer haciendo eso!» Recibí mi segundo cheque; era de $126,00. Mamá me miraba y decía, «Más vale que dejes de hacer eso». Y como si eso no hubiera sido suficiente presión, ella ponía a mi hija en contra de mí. Y Karen bajaba las escaleras y decía, «Mamá no quiere que estés metido en el negocio de Amway». Karen me dijo que era vergonzoso frente a sus amigos. ¿Pero saben qué le dije? Yo le dije, «Ve y dile a tus amigos que a mí me avergüenza estar en bancarrota».

Así que continué. El tercer mes de estar en el negocio mi cheque fue de $816. Para el cuarto mes, habíamos cobrado más de $2.000 ese mes.

Bien, ¿supongamos que yo la hubiera escuchado? Si lo hubiera hecho, ella seguiría enseñando y entrenando basquetbol. Ella no hubiera ido a Australia el pasado septiembre. No hubiéramos podido vivir nuestro sueño.[1]

Yo no tengo problema para decirlo: George estaba en lo cierto. Se necesitó trabajo y oración, ¡pero en menos de dos o tres años, estábamos ganando mucho dinero! Llegó el momento en que yo estaba perdiendo los días de paga de mi trabajo de tiempo completo. El dinero estaba llegando con tanta rapidez, que no sabíamos cuánto estábamos ganando. En realidad no sabíamos. No habíamos experimentado nada como esto antes, así que todo era nuevo para nosotros. Me gustaría fingir que nosotros sabíamos exactamente lo que estábamos haciendo, pero la mejor manera de describirlo es que teníamos una «fe ciega».

En ese tiempo, nosotros no asistíamos una iglesia llena del Espíritu Santo. A George ni siquiera le gustaba la iglesia donde yo estaba asistiendo porque él es una persona muy privada. Así que no podíamos darnos crédito de ninguna parte del éxito que Dios trajo a nosotros — y Él lo trajo con mucha rapidez. Las puertas se estaban abriendo y la gente estaba escuchando. Nosotros simplemente seguíamos poniendo un pie delante del otro. Un día, mis pies me sacaron directamente del empleo donde estaba trabajando. Y te diré una cosa… desde ese día no he mirado hacia atrás.

---

[1]Esta fue nuestra experiencia. El ingreso promedio mensual «IBOes activos» era de $115. La compensación anual promedio de un «IBO oro» era de $12.303,00; el más alto $57.308,00. «Platino Fundador» era $40.125,00; el más alto, 966.290,00. «Esmeralda Fundador» era de $142.181,00; el más alto $673.334,00 «Diamante Fundador», 609.541,00; el más alto 2,739.829,00. Estas cantidades son de acuerdo con el Folleto de la Oportunidad de Negocios de la Corporación Global AMWAY.

Los años exitosos

CAPÍTULO 10

EL DÍA QUE DEJÉ MI TRABAJO

~

Las luchas por las que mi mamá y mi papá pasaron cuando eran una pareja joven los ayudó a ser más fuertes. El éxito tiene diferentes significados a mucha gente diferente, pero lo que realmente ambos querían era la libertad. Mi mamá estaba peleando por su libertad. Mi papá estaba peleando por su libertad. Ellos eran libres de la esclavitud tradicional, pero mi papá siempre me dijo, «La gente sigue siendo "esclavos" el día de hoy; ellos simplemente están esclavizados a sus trabajos. El domingo, esa cadena se pone más estrecha, y el amo te jala de regreso poco a poco. Antes de que tú lo sepas, tienes que ir de regreso a la plantación y regresar al trabajo».

—Karen Halsey

En el negocio de Amway hay varios niveles que puedes alcanzar. Entre más alto llegas, más dinero ganas. Cuando George y yo comenzamos a subir la escalera del éxito, los niveles se llamaban: Productor Plata, Oro Directo, Participante Directo en Ganancias, Perla Directa, Esmeralda Directa, Diamante Directo, Doble Diamante Directo, Triple Diamante Directo, Corona y Embajador Corona. No te voy a aburrir con los detalles de cómo llegar a los diferentes niveles, pero si estás interesado en aprender más acerca de Amway, ¡me alegraría mucho tener una reunión contigo!

Nos tomó cuatro meses para calificar a Productor Plata. Trabajamos muy duro y tuvimos muchas reuniones. No te puedo contar los miles de personas que conocimos en un período tan corto de tiempo.

El propósito de las reuniones era establecer una red de gente que estuviera comprometida a las mismas cosas a las cuales nosotros estábamos comprometidos. Queríamos mostrarles a las personas la manera de llegar a ser dueños de negocios independientes. Al final terminamos trayendo gente de todas las nacionalidades y orígenes étnicos, pero nuestro mayor objetivo era enseñar a los negros y empoderarlos para que llegaran a ser líderes. Nuestra idea era que una vez que formamos un líder, él seguiría y les enseñaría a otros. La gente en nuestro negocio conocía el producto, cómo presentar «El Plan» y sabían porqué lo estaban haciendo: para alcanzar sus sueños personales y ayudar a otros a desarrollar su negocio para poder alcanzar sus sueños. Nosotros les decíamos cosas como, «Cada uno, enseña a uno». Ese era nuestro lema porque las relaciones eran importantes.

Cuando las reuniones se terminaban, estábamos moviendo el producto. ¡Tremendo! Cada miembro de la familia tenía algún producto de Amway en su casa. ¿Por qué? ¡Porque Amway tiene de todo! Desde jabón hasta calcetines, desde café hasta vitaminas, desde colonia hasta barras de fruta, desde palomitas de maíz hasta velas, desodorante ambiental, productos de limpieza, maquillaje, joyería, bombillas, baterías, aparatos de cocina, recipientes desechables, bolsas para basura, bolsas de mano, toda clase de bolsas. ¡Sea lo que sea, lo tenemos! Yo era la reina de productos. Mi área era volumen, producto, y llevar el registro. Todo iba dirigido al incremento de nuestro volumen de producto.

George era experto en la teoría, la estructura y mantener la atención de la gente en las reuniones que teníamos. Yo era mucho más seria. Él era mucho más cómico. Ambos éramos amigables, pero a la gente realmente les encantaba la personalidad de George.

Lo nuestro era un negocio familiar. Mientras uno de nosotros estaba tomando órdenes por teléfono, Karen conducía la casa rodante a Summerfield para recoger cassettes, libros y pizarras. John ayudaba a acomodar los cassettes. A veces teníamos hasta 500 cassettes en la casa rodante que manejábamos de regreso a casa. También teníamos los kits que tenían que ser distribuidos a nuestros grupos que se pusieron de acuerdo para «meterse». Y también teníamos que tomar órdenes de productos y enviar los productos que nos habían ordenado, lo cual hacíamos no solamente para nosotros mismos, sino también para otros que estaban tratando que calificar a cierto nivel.

Algunas semanas nos llegaba media noche y nosotros estábamos en el teléfono tratando de ayudar a otros a logras sus metas. Debido a que podíamos hacer órdenes grandes, la gente venía a nuestra casa por multitudes, conseguiría el producto individual que necesitaba y regresaba al teléfono para ver su acumulación de puntos.

Al inicio, hicimos todo lo que se nos ocurrió hacer para conseguir esos puntos. Hicimos lista tras lista de familiares, amigos, compañeros de trabajo. Nos acercábamos a extraños y también les preguntábamos a todos nuestros conocidos si querían que viniéramos a hacer una reunión en su casa.

Una vez, yo le dije a George que le vendiera calcetines a todos. Yo pensé que si él no había podido vender zapatos, tal vez podría vender calcetines. Los vendimos a sus tíos, su padre, su abuelo — cada uno de ellos tenía unos calcetines. Se los vendíamos a todo aquel que tenía pies. Y para las damas, vendíamos lápiz labial y medias (ambas cosas eran de color muy claro para la gente negra, pero las vendíamos de todos modos). ¿Por qué? Porque entre más movimiento le dábamos a nuestro producto, más puntos recibíamos. ¡Era mucho trabajo pero valió la pena!

Muy rápidamente, yo comencé a ganar más dinero en el negocio de lo que ganaba trabajando de maestra. Mi ingreso casi se había duplicado en poco tiempo. Así que yo decidí quedarme en el trabajo por dos años más. (George siempre animaba a la gente a que no dejara su trabajo, sino que trabajara a su propia velocidad.) Y finalmente llegó el día en que me tocó retirarme del trabajo.

Adiós trabajo … ¡hola alegría!

Antes de que llegara ese día, nuestros días nunca terminaban. Nos levantábamos a las 6 AM. Yo despertaba a los niños y los alistaba para ir a la escuela. George se levantaba, se ponía su terno, su corbata y agarraba su maletín. Yo me ponía la ropa de ir al gimnasio (usualmente una chaqueta para el frio y un pantalón que hacía frufrú) con mi pito y nos íbamos de camino a nuestros respectivos trabajos. Yo no recuerdo haber cocinado desayuno ni una vez. Yo sé que los niños comían, pero la primera vez que recuerdo que disfruté un desayuno, fue después que tuvimos suficiente dinero para contratar una ama de llaves personal.

De todos modos, George y yo realmente no hablamos durante el día, porque en ese tiempo no existían los teléfonos celulares y teníamos que esperar para llegar a casa para ponernos al día el uno con el otro. Durante mi receso del almuerzo, yo me acostaba en una banca y hacía siesta mientras los demás comían almuerzo. Yo hice eso prácticamente todos los días porque en cuanto llegaba a casa, planeábamos salir a mostrar «El Plan».

Llegábamos a casa cerca de las 4:00 PM. Ponía frijoles con salchicha, o cualquier cosa que cocinaba que fuera algo rápido. Nunca comíamos filetes de res. No podíamos pagar filetes de res. Así que la mayoría de días, comíamos pollo o chuletas de cerdo, y cuando quería gastar un poco más para George, yo le cocinaba su plato favorito: bistec machacado, chícharos y arroz — cubierto con salsa de carne. Después de la cena nos vestíamos — George siempre usó terno oscuro, negro o gris, pero nunca usó café porque él solía decir que el color café te bajaba los ánimos. Él usaba una camisa blanca bien planchada, corbata (casi siempre roja), y lapicero rojo. ¿Por qué rojo? Porque rojo es más atractivo a la vista. Rojo hace que seas curioso. ¿Y cómo se me podría olvidar su trago dulce? George lo tenía consigo en cada reunión. Alistábamos el automóvil, dábamos buenas noches a nuestros niños, y salíamos.

Una mañana temprano yo estaba sentada en la cocina escribiendo y sumando órdenes para llamar a la compañía. Tenía puesta mi famosa bata morada y estaba probablemente fumándome un cigarrillo (yo estaba nerviosa). Yo llamé a mi madre y le dije, «¡Mamá, nosotros vamos a ser ricos!»

Como madre, ella me calmó y me dijo, «Cariño, cálmate y dime que es realmente lo que quieres decir». Yo decidí ir a su casa porque yo necesitaba hacer algo para calmar mis nervios. El negocio había llegado a ser tan enorme que la familia no lo podía manejar sola. Yo necesitaba asistentes y secretarias para que me ayudaran; y aun así estaba llegando más rápido de lo que yo podía controlar. Así que aquí estaba yo, conduciendo por una calle al azar, con dirección a la casa de mi madre. Yo estaba pensando, «¡Vamos a ser ricos! ¡Vamos a ser ricos!»

De repente, me encontré en algo parecido a un trance. No lo puedo describir. Yo no sé qué me pasó. Pero estoy segura de que tú has escuchado a cierta genta decir que han tenido una experiencia donde ellas se salen de su propio cuerpo. Bueno, eso fue lo que me pasó. Yo estaba conduciendo uno de nuestros carros de lujo, tenía puesto uno de mis mejores vestidos — a partir de cierto punto, yo no podía salir de mi casa sin que alguien me reconociera — y yo escuché una voz que me dijo, «No digas eso. No te enfoques en ti. Enfócate en la gente».

Yo escuché la voz de nuevo.

—No te enfoques en ti. Enfócate en la gente.

Para cuando llegué a la casa de mi madre, yo no podía hablar. Yo realmente estaba en un trance y tomó como un mes para que regresara a la realidad. Yo no podía escribir. No podía tomar órdenes. Apenas podía hablar. Yo seguía escuchando voces; ahora sé que era el Espíritu Santo recordándome que tenía que «enfocarme en la gente». En el momento que realmente obedecimos y nos enfocamos en la gente, Dios tomó nuestra fortuna y la multiplicó mucho más de lo que nosotros podríamos haber soñado.

Pasamos de hacerlo dos veces por semana a hacerlo casi todos los días. Trabajo, después reuniones. Trabajo, después reuniones. Finalmente llegamos al punto que estábamos ya casi a punto de calificar para Directores Esmeralda. Era la temporada de basquetbol y yo tenía que ir a hablar a Atlanta ese fin de semana. Así que normalmente yo comenzaba a enfermarme el jueves, y luego me arrastraba para el trabajo el viernes para poder salir de ahí. Yo le pedía a Ángela Watson que se encargara de las clases de danza, y a mis compañeras de trabajo, Emily Ribet y Mary Temple, que le echaran un ojo a mis clases de educación física.

Cierta semana en particular, fingí nuevamente estar enferma y le dije a Mary Temple que me iba a ir después del almuerzo. No lo reporté a la oficina porque yo no quería a toda esa gente metida en mis asuntos. Así que salí y me fui para mi casa y fui a Atlanta. Cuando vine de regreso de Atlanta, el director llamó a mi casa preguntando por mí.

El lunes en la mañana él me pidió que viniera a su oficina. Yo me reporté al trabajo como usualmente lo hacía y me dijeron que no fuera a mi salón de clases. Simplemente que me presentara a la oficina. Así que fui a ver al señor Clendenin, el director en ese tiempo. Me senté ahí esperando escuchar lo que él tenía que decir:

—Señora Halsey —dijo él recostándose en su silla.

—Sí... —yo contesté con confianza.

—Usted sabe que ha cambiado.

—¿Usted cree?

—Sí, yo lo creo. Si la tuviera que evaluar, yo no la evaluaría de la misma manera que lo he hecho antes, —dijo él con una pequeña sonrisa de superioridad en sus ojos.

—Bueno, yo no entiendo porqué no. Yo nunca falto a ninguna de mis clases. Yo enseño de la misma manera y siempre estoy presente —le contesté yo con aspereza.

—Bueno, yo simplemente pienso que usted no está haciendo el trabajo que usted solía hacer.

—Ah sí, yo sí lo estoy haciendo.

—Yo creo que no lo está haciendo.

—Bueno, yo creo que sí.

—Si así fuera, señorita Halsey, entonces los estudiantes y otros maestros me lo afirmarían; pero no es así. Yo debo ser honesto con usted.

—Bueno, veamos, ¿quiere que me vaya? —yo interrumpí cuando me di cuenta que él iba a continuar diciéndome que yo no estaba haciendo nada correctamente.

—En realidad, creo que sí —dijo él de una manera muy condescendiente.

—Está bien —respondí yo en menos de dos segundos.

—¿Está bien? —preguntó él.

—Sí, ¿me está dando a entender que usted quiere que me vaya ahora mismo? —pregunté con una sonrisa en mi rostro.

—Sí, —dijo él de manera severa.

—MUY BIEN —le dije despreocupadamente.

Yo me di la vuelta, me fui hacia el gimnasio, abrí la puerta de mi oficina y le dije a todos los que estaban ahí, «¡Bueno, ahí nos vemos! Yo me voy».

Emily y Mary, dos damas de raza blanca de mi departamento, estaban completamente sorprendidas. Yo dejé todos los archivos y todas las cosas de mis clases y me fui para mi casa.

En el momento que llegué a mi casa el director comenzó a llamarme a pedirme que regresara. El superintendente incluso me llamó para que regresara. Supongo que ellos pensaron que yo iba a presentar una queja en contra del director. Lo que ellos no sabían es que él, al pedirme que renunciara, me había dejado libre para poder perseguir mis sueños.

Yo no quería vivir el resto de mi vida como una maestra de educación física. Yo tenía una meta y un sueño diferente. Yo quería hacer un impacto aun más grande en la comunidad. Y Amway era la manera en que yo podía lograr eso.

Miss Ribet incluso vino a mi casa y me rogó que regresara.

—No le pongas atención a él. Él no te puede decir que te vayas. Regresa —dijo ella—. Tú tienes todas esas clases y lo demás.

A lo que le respondí de una manera calmada,

—Bueno, mi esposo no quiere que regrese. Así que no voy a regresar.

Ella no quedaba por vencida.

—¡Vamos, Halsey! Tú sabes que esos chicos te necesitan. Vamos, Halsey.

Pero nada de lo que ella hubiera podido decir me hubiera hecho cambiar de parecer. Yo estaba muy contenta porque ya me había cansado de enseñar. Yo estaba a punto de comenzar a entrenar a mi equipo de basquetbol, pero con el negocio que demandaba tiempo completo, todo comenzó a sentirse demasiado pesado para mí. Hasta ese momento, yo ya no tenía ningunas facturas que pagar y se me estaba olvidando el día de paga. Ellos me tuvieron que llamar en un momento dado para informarme que había un cheque para mí en la oficina porque yo me estaba concentrando en el dinero de nuestro negocio. Así que cuando renuncié, tuve un deseo mucho más grande de trabajar más duro en nuestro negocio, para asegurarme de no tener que regresar al trabajo. Yo nunca regresé. De hecho, no mucho después de que yo dejé mi trabajo, George miró y dijo, «¡Mamá! Yo también me quiero venir a la casa».

Él trabajó un poco más, y después de un tiempo, él le dijo a su jefe que ya no iba a trabajar. ¡Y renunció!

Oficialmente yo dejé mi trabajo en 1977. George renunció al suyo en 1978, justo antes de calificar para Diamantes Directos. Y hubo un momento que ambos recordamos como si hubiera sido ayer, fue cuando estábamos sentados en el sofá en la sala de estar. Él me vio a mí y yo lo vi a él y juntos dijimos: «¡No tenemos trabajo!» Nos reímos largo rato hasta que nos dolieron nuestros estómagos.

Capítulo 11

Esto es ser Diamante

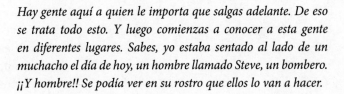

Hay gente aquí a quien le importa que salgas adelante. De eso se trata todo esto. Y luego comienzas a conocer a esta gente en diferentes lugares. Sabes, yo estaba sentado al lado de un muchacho el día de hoy, un hombre llamado Steve, un bombero. ¡¡Y hombre!! Se podía ver en su rostro que ellos lo van a hacer.

—*George Halsey*

Relaciones, relaciones, relaciones

Una cosa que yo puedo decir acerca de Amway es que la compañía está realmente comprometida a construir relaciones con socios de negocio. George era por naturaleza amigable con todos, así que para él era muy fácil hacer amigos. Cuando él hablaba con alguien, la relación no se quedaba en una amistad, él te traía a la familia. Nosotros dábamos discursos por todo el país, y George era un genio haciendo sentir especial a la gente. Él comía con alguien en el grupo — la mayoría de veces eran para nosotros completamente extraños — y él llegaba a conocer un poco acerca de la vida de la persona, su familia, el nombre de sus hijos; y en la noche, frente a miles de personas, él hablaba de esta persona como si hubieran sido amigos desde la escuela superior. Para George, la alegría de este negocio estaba estrechamente relacionada con la gente que él había podido conocer e impactar. De hecho, si quieres saber la verdad, el negocio comenzó a prosperar en el momento que nosotros quitamos los ojos de nosotros mismos y comenzamos a pensar en cómo ayudar a otra gente. Fue la gente quien nos ayudó a llegar a tener éxito. Sin esas relaciones importantes, hubiéramos fallado desde el inicio.

No hay que menospreciar los pequeños comienzos

Yo siempre le digo a mis grupos que no se preocupen por comienzos pequeños. Si mides tu éxito por el éxito de alguien más, vas a olvidar el proceso por el cual ellos llegaron ahí. También no se te olvida que Dios tiene una senda para cada uno de nosotros, y que si Él lo ha hecho para alguien, lo puede hacer para ti.

El inicio del camino es lo más difícil. Es difícil porque la gente quizá se ría de ti, como lo hicieron de George. Ellos te van a decir que eres una persona loca o que eres manipuladora. Pero créeme, George y yo hemos oído de todo. George fue rechazado muchas veces, pero de alguna manera él siguió empujando hacia adelante a través de todo lo negativo, y seguía enfocándose en la gente que estaba interesada en el negocio. Y muy pronto, nosotros estábamos riéndonos de camino al banco.

Nosotros le llamamos «Whootie Who's» a las personas que invitamos a nuestras primeras reuniones. Ellos no quisieron meterse en el negocio y eran siempre muy negativos. Ellos le dijeron a George cosas como: «Ningún hombre blanco le va a enseñar a ningún hombre negro cómo ganar dinero». Ellos trataron de llenar nuestras esperanzas de veneno, acabar con nuestros sueños y descalificar nuestra fe. Así que George les llamaba los «pájaros que no pueden volar» o algún nombre que hiciera reír a nuestro grupo y seguía mostrando el plan. Y para nuestra sorpresa, un día alguien se apuntó — luego otro, y otro, y otro. Esas seis parejas que se unieron a nosotros en nuestro negocio, llegando (por lo menos) a ser Distribuidores Directos, hicieron un verdadero impacto en nuestra vida.

Una de nuestras parejas que llegó a ser Diamantes; Loyd y Pam Glover. ¡Ellos son además grandes amigos!

Para la primera pareja a quien le mostramos el plan, nos fuimos a su casa. George estaba tan nervioso que escribió todo el plan en una ficha, y él literalmente leyó todo el plan directamente de esa ficha. Cuando George cuenta esta historia, dice que estaba tan nervioso que comenzó a sudar profusamente. El sudor era tanto que destilaba en sus ojos y él no pudo leer la tarjeta. Pero en lugar de pedir una servilleta o un pañuelo, ¿sabes qué hizo? ¡Siguió hablando! Cualquier cosa que George presentaba, este hombre decía, «¿De veras?» Y George decía, «¡Sí hombre, absolutamente!»

Ellos no tenían la menor idea de lo nervioso que estaba George. Y George no tenía idea de lo que él estaba hablando. Él simplemente estaba entusiasmado porque se estaba conectando con alguien que parecía interesado en el negocio. Cuando ellos dijeron que querían entrar al negocio, George actuó de manera reservada y calmada. Nosotros no queríamos que ellos se dieran cuenta de lo emocionados que estábamos. Otras personas nos habían dicho que «No» varias veces antes de que les mostráramos el plan.

Cuando llegamos a casa, ¡celebramos! Comenzamos a hacer una danza de felicidad y a gritar, «¡Hemos auspiciado a alguien!» y para mientras nos chocamos esos cinco. Esa fue una buena noche, la noche que afirmó nuestra creencia que podíamos hacer esto. ¡Esto podía funcionar!

Luego tuvimos nuestra segunda pareja, a quien George conoció en la estación de servicio en la avenida Phillips, en Greensboro. Con el tiempo todos llegamos a ser amigos antes de que ellos se involucraran en Amway. Así que cuando llegó la hora de hacer una lista de toda la gente que conocíamos, escribimos sus nombres. Ellos tenían ese fuego en sus ojos para hacer algo, y hacerlo ya.

Así que un día nosotros fuimos invitados a su casa después de que George fue a la estación de servicio y dejó caer uno de sus cheques PV en el suelo «por accidente». Por supuesto, el hombre saltó a recogerlo y cuando vio el monto del cheque — yo creo que eran como $2.400 (lo cual era bastante dinero en 1975) ¡su esposa mordió el anzuelo! Él se emocionó tanto que llamó a su esposa y nos pidió que les mostráramos el plan esa misma noche. Después de esa sesión, ellos se inscribieron.

Pero es aquí cuando vemos que la mano de Dios estuvo todo el tiempo en esto. Poco tiempo después que ellos entraron al negocio, hubo una crisis de gasolina en Greensboro. Nadie podía viajar fuera de la ciudad porque las estaciones de gasolina tuvieron que racionar la cantidad de gasolina que cada familia podía obtener. Pero, como conocíamos a Eugene por medio del negocio, nosotros podíamos obtener toda la gasolina que quisiéramos. Podíamos viajar, no por la cantidad dinero que teníamos, sino por la amistad que habíamos establecido.

Luego tuvimos nuestros Terceros Directos de Winston-Salem. El hombre era la persona más colaboradora que auspiciamos. Literalmente, él vino a nosotros y nos pidió auspiciarlo en el negocio, por favor. Fue así como lo conocimos. Yo no conocía a ese fulano en absoluto, pero le mostramos el plan, los auspiciamos y él hizo todo lo que le pedimos que hiciera. Él se hizo Directo, luego superó el nivel de Directo y se convirtió en Esmeralda en nuestro negocio.

Luego pasamos a nuestra cuarta pareja. Ellos son primos de nosotros, a quienes les mostramos el plan y fácilmente dijeron que sí y se metieron al negocio. Él estaba determinado a dominar el negocio esa misma noche. Así que él se puso de pie y nos mostró cómo lo iba a hacer él. Nos impresionó tanto que en pocos días él estaba siendo el anfitrión de sus propias reuniones.

Luego introducimos a nuestra quinta pareja. Los conocimos porque George estaba vendiendo nuestras casas rodantes. Él vino a ver nuestras casas rodantes, así como lo hizo nuestro auspiciador Mark. Nosotros desarrollamos una emocionante amistad con esta pareja, y un día, ellos nos invitaron a su casa para que les mostráramos el plan de negocio. Él se emocionó, entró al negocio y se hizo Directo.

Yo no era muy fanática de los autos, pero este es el Excalibur que George me compró y su Rolls Royce. Éstos eran «negro sobre negro con rayas de color rojo».

No éramos simplemente socios de negocio, éramos amigos con todas las personas a quienes auspiciábamos. Queríamos que ellos disfrutaran de la vida, que persiguieran sus sueños y que este año estuvieran mejor que el año pasado. Éramos entrenadores, oyentes, animadores, ayudadores, supervisores y más. Cualquier cosa que ellos necesitaran que fuéramos para ellos, en eso nos convertíamos.

La sexta pareja los conocimos acampando en Kerr Lake (Lago Kerr). Ella y yo estábamos juntas en diferentes clubes sociales; tú sabes, reuniones tales como «Guys and Dolls» (Muchachos y Muñecas), y cosas similares. Después ella se convirtió en Zeta y éramos miembros de la misma hermandad. De ahí el adelanto fue todo cuesta arriba. Ellos comenzaron a acampar con nosotros con regularidad, y no mucha gente negra iba a acampar cuando George y yo lo convertimos en nuestro pasatiempo. Nos hicimos buenos amigos, pero ellos estaban muy renuentes en cuanto al negocio. De hecho, la única manera que yo pude hacer que ella me siguiera en el negocio

Este que ves arriba es el bote de George. La mayor parte del tiempo estaba estacionado en la rampa de nuestra casa o en el muelle de Skull Creek Marina de Hilton Head. George no podía encontrar la manera de atracarlo. Él se frustraba y yo me reía, y finalmente se dio por vencido.

Este es el avión que teníamos. Era un Beechcraft Duke para seis pasajeros.
George le dio unas patadas a las llantas y a mí me gustaron las cortinas,
así que escogimos este.

fue cuando yo le dije a ella que no iba a volver a mi trabajo. Ella me dijo que yo estaba loca. Yo le dije que ya no tenía que enseñar, y le mostré mi cheque para que ella y su esposo lo miraran. Ellos lo miraron pero aun así decidieron no entrar al negocio. Pero yo no paré. Yo esperé un poco más de tiempo y llevé otro de mis cheques a su casa. Ellos decidieron echarle un vistazo. Nosotros fuimos y les mostramos el plan otra vez. Esta vez ellos tomaron la decisión de hacerlo. Ellos entraron al negocio, nosotros dirigimos la primera reunión de ellos, y en su primera reunión, invitaron a otra pareja y esta pareja también decidió entrar.

Ahora bien, lo interesante de esto es que la pareja llegó a ser Diamante en menos de dos años. Él tenía un impedimento verbal pero eso no lo detuvo. La primera pareja a quien se lo enseñamos llegó a ser Diamante, y en esa pierna, (pierna es la terminología que usamos para describir un equipo de la organización) ¡teníamos Diamantes en profundidad! ¡A todo lugar que viajábamos, alguien se convertía en Directo, Perla, Esmeralda y Diamante! Todo era demasiado maravilloso para poder comprenderlo.

Dos años después, nosotros calificamos para ser Doble Diamantes. En agosto de 1982, calificamos para ser Triple Diamantes. Fuimos los primeros negros en lograr convertirnos en Diamantes, Doble Diamantes y Triple Diamantes.

George y yo hablando.

No hubo ningún sendero delante de nosotros, ni un mentor que nos dirigiera, ni un mapa al cual mirar. Éramos los pioneros. Éramos la pareja que inspiraba a otras parejas como nosotros para que creyeran en sus sueños. Aquí estábamos: una pequeña familia de raza negra comenzando un negocio con una inversión de $35. (Eso era lo que costaba cuando nosotros iniciamos.) Yo no tenía $35 disponibles para gastar en ese entonces.

CAPÍTULO 12

EL FIN DE SEMANA DE LOS SUEÑOS

~

Nosotros tenemos un dicho ... si el caballo está muerto, bájate. Si algo no esta funcionando para ti, ¿por qué sigues haciéndolo? Nosotros vemos mucha de nuestra gente haciendo lo mismo y trabajando en el mismo trabajo, pero no están viviendo sus sueños. Pero luego miramos al Amagram, y no vemos a nuestra gente ahí. Bueno, yo te voy a decir algo. George y yo nos vamos a asegurar de que más gente negra entre y sea parte del Amagram. No es imposible hacerlo. Simplemente haz el trabajo y pon a Dios primero. Esa es mi creencia. Tú no tienes que saberlo todo. Solamente ponlo en Sus manos. Simplemente di, Señor bendícelo y Él lo hará.

—Ruth Halsey

«El Amagram» era una revista trimestral que se le entregaba a todos los distribuidores de Amway. Ésta presentaba a los nuevos Directos, Rubíes, Esmeraldas, Diamantes, y demás de la corporación. George y yo fuimos presentados muchas veces en la revista, pero cuando mencioné el «Amagram» en ese discurso de 1993, yo estaba tratando de enardecer a nuestra gente a que se levantara e hiciera algo. A este evento que le llamamos, «El Fin de Semana de los Sueños», habían cientos de personas esperando ver algo que nunca antes habían visto. Nuestra única meta era hacer que ellos vieran el sueño. Mostrábamos el Excalibur, Mercedes, Jaguar, Rolls Royce, casas rodantes y fotografías de nuestro barco y nuestro avión privado — nosotros usábamos toda nuestra joyería y vestíamos pieles, y todo lo demás que podrías imaginar. Sí, éramos dueños de un avión Beechcraft de doble motor y de un crucero de cabina, el cual manteníamos anclado en nuestra segunda casa en Hilton Head, Carolina del Sur.

Cuando compramos el avión, para mí fue una gran sorpresa. George, siendo George, entró un día y dijo, «Poonkie, yo estaba pensando ... que compremos un avión». Yo lo miré y le dije, «George, ¿un avión?» Y él me miró con ese hoyuelo en una de sus mejillas y dijo, «Sí, si los hacen, ¿por qué no compramos uno? Piénsalo. Nos podríamos movilizar de manera más fácil, y podemos pagarlo, así que comprémoslo».

No mucho tiempo después de eso, éramos dueños de uno. Lo que más me gustaba de nuestro avión era el interior. Tenía seis asientos para nuestros invitados; y lo mejor de todo, ¡tenía las cortinas más finas! George sabía que si yo iba a viajar en éste, tenía que lucir muy bien. Él no estaba tan interesado en la belleza del avión. Él estaba pateando las llantas y preguntando acerca de la seguridad y la parte mecánica del avión.

A mí nunca se me va a olvidar cómo se sintió viajar en el avión por primera vez. George llamó a nuestro piloto, Greg, para programar un viaje. Uno podía darse cuenta de que la gente que estaba ahí no estaba acostumbrada a ver gente negra abordando un avión privado porque todos se nos quedaban viendo. George vestía su clásico traje de cuero negro. Y yo vestía algo casual de St. John. Estábamos muy nerviosos. No sabíamos qué teníamos que hacer. Yo sentía miedo porque el avión era muy pequeño. El piloto nos dijo, «Todo va a estar bien. Yo lo tengo todo bajo control». Así que me subí.

George y yo viajamos a Nueva York a cenar e ir de compras.

Lo que fue muy chistoso acerca de nuestro viaje en avión fue el aterrizaje. Cada vez que llegábamos a las áreas designadas para aviones privados, la gente nos miraba de una manera muy extraña. Yo pienso que ellos asumían que nosotros habíamos rentado el avión hasta que miraban la cola que se leía: LA MÁQUINA DE SUEÑOS DE LOS HALSEY.

Algunas veces llevábamos a nuestros amigos del negocio a Miami o Hilton Head y luego volábamos de regreso a nuestra casa en Greensboro para dormir en nuestra cama. A George le gustaba que alguien condujera uno de nuestros autos a Hilton Head para nosotros. Volábamos hasta allá para pasar unos días, y alguien estaba en el aeropuerto esperando por nosotros con nuestro auto, esperando para escoltarnos a dondequiera que necesitábamos ir.

Pero de todos modos, en estos eventos había todo lo necesario para ayudar a la gente a que se levantara de sus asientos y comenzara a ver sus sueños. Cuando George y yo hablábamos en el evento, Fin de Semana de Sueños, o algún otro evento de este calibre, no importaba adonde íbamos, en Estados Unidos o en el extranjero, nos trataban como realeza. Todos eran muy agradables. Teníamos un anfitrión que nos cargaba nuestro equipaje. Nos daban la cantidad de comida que quisiéramos comer. Nos daban tours personales en el área. Todo lo que queríamos ver o hacer, ellos lo hacían posible.

Todos nos pedían que habláramos. Éramos una pareja poderosa. Usualmente nos daban una hora para hablar. George y yo nos turnábamos. La mayoría de las veces, yo comenzaba y él terminaba. Él mandaba a la audiencia a su casa riéndose, pensando y creyendo que ellos podían hacer las cosas aun mejor. No tengo palabras para decir lo suficiente. Ese hombre era un hombre inteligente. Sí, él reía y bromeaba todo el tiempo, pero su comedia era siempre para lograr algo más grande. Yo, por otro lado, era sencillamente una mujer de negocios. Yo quería que ellos supieran las verdades y nunca tuve vergüenza de hablar de mi fe. No siempre era algo aconsejado porque la gente venía de varios caminos de la vida, pero yo lo hacía de todos modos. Estas personas necesitaban saber que la oración funciona y que Dios estaba detrás de todo el éxito. Así era como ellos me conocían en el escenario: como Mamá, la mujer que va al grano y que no jugaba ningún juego.

Cuando George hablaba, él hablaba directamente al corazón de las personas. Él los miraba directamente a los ojos. La mayoría de la gente decía que él tenía una risa pícara que hacía pensar que estaba guardado algún secreto, pero quizá no era así, sino que más bien era el George real. Él era bromista y libre. Él era brillante y tenía los pies bien puestos sobre la tierra. Pero sobre todo, a él le importaba lo que a la gente le importaba. Él tenía facilidad de palabra. Él contaba historias que impulsaban la importancia de trabajar duro, de mantenerse enfocados y de tener un plan. Él sabía cómo motivar a la gente. Aun cuando la gente enfrentaba rechazo, él le decía, «Siempre deja la puerta abierta». Si la gente se iba diciendo, «El negocio no es para mí», George decía en una manera cómica:

Yo no puedo creerlo cuando dicen eso. ¿Pero saben qué

les hago a ellos? Yo simplemente me recuesto en el asiento, sonrío y digo, «Bien, lo siento, tú eres el que se lo pierde». ¡¡¡Ja ja ja!!! Mientras tanto, el tipo sentado ahí preguntándose, «Yo me pregunto de qué me estoy perdiendo». Ves, tú no puedes dejar que eso te afecte. Más bien siempre deja la puerta abierta.

Para George, esa era la manera de aliviar el dolor del rechazo. Él entendía que a nadie le gusta el rechazo, pero que todos tenemos que estar preparados por si acaso. Así que él le daba a sus oyentes buena información y la escondía dentro de sus bromas.

Otra cosa que George les dijo que desarrollaran fue un sentido de urgencia. Cuando se enfrentaba con negatividad, él decía:

Algunas personas a quienes estás tratando de mostrar [el plan] simplemente no tienen sueños. Tú tratas de poner sueños en ellos y ellos no llevan en sí mismos la capacidad de soñar. Están como muertos. Cuando estés tratando de mostrar el plan no mires a la gente que está como muerta. Algunos de nosotros los miramos y tratamos de resucitarlos. Tú tienes que seguir avanzando con tu impulso. No puedes detenerte. Tú tienes que poner tu pie en el acelerador hasta donde sea posible para seguir avanzando. No se trata simplemente de la técnica. Es ahí donde está la información. También necesitas una motivación y un sueño. Algunas personas piensan que los Triple Diamantes no se ponen negativos. Pero el negativismo puede hacer que siempre estés en bancarrota. ¡Madre! Yo que te lo digo: yo siempre puedo detectar cuando la gente le ha puesto los nervios de punta a Mamá. ¡Yo puedo escuchar la cinta sonando una milla antes de llagar a casa!

Todos comenzaban a carcajearse, pero esta era una manera lista en que George enfocaba la atención de la gente otra vez. Cuando él presumía de mí, por supuesto yo me sentía halagada, pero lo hacía por alguna razón. A veces pienso que él simplemente estaba nervioso. Otras veces, él estaba tratando de que la gente viera la importancia de mantenerse con los pies sobre la tierra, y que escucharan las cintas y leyeran los libros. Los materiales te mantenían enfocado. Y si alguien no quería leer lo que sus superiores les pedía que leyera, él decía algo similar a esto:

«Algunos de nosotros agarramos un libro, y eso es todo, simplemente lo agarramos. No simplemente agarres uno. Lee los libros que tus uplines te han sugerido. El libro equivocado te abatirá. Yo he estado en este negocio por mucho tiempo. Créeme, yo sé lo que te digo.»

Mientras tanto la gente se estaba riendo y divirtiendo, pero George realmente les estaba enseñando las bases para construir un negocio exitoso. George atraía su atención diciéndoles esas historias clásicas como «El León y La Gazela» y «La Gallina y El Águila». Él conocía su audiencia y sabía cómo hacer participar a la gente. Él no simplemente salía con estas ideas por su cuenta. Nosotros también teníamos un upline. Teníamos gente que había influido en nosotros, y nos había mostrado la luz. Gente como Dexter y Birdie Yager, que ahora son Embajadores Corona.

La primera vez que conocimos a Dexter, fuimos invitados a su casa a una recepción de Perla/Esmeralda. Acabábamos de convertirnos en Esmeralda, y conocerlo fue una sensación increíble. El hombre era bajo y fornido, y vestía ropa muy simple. Tú no pensarías que él es tan rico como es, hasta que te acercabas lo suficiente para ver un botón diamante en forma de cruz con un Rolex que le hace juego, el cual tenía diamantes alrededor de todo el reloj y la pulsera. Los anillos que usaba en cada mano eran aproximadamente de siete quilates, y él actuaba como si nos hubiera conocido de toda la vida. Él se ponía su camisa bonita muscular, pantalón de mezclilla, una gorra y seguía hablando. Por supuesto que nosotros no estábamos solos en su casa. También había mucha gente que había calificado. Pero lo que más destacó fue que, *nuevamente*, nosotros éramos la única pareja de negros.

Sin embargo, Dexter y Birdie fueron muy amables. Ellos dijeron palabras que nos animaron, diciéndonos cómo teníamos que mantener vivo nuestro sueño y seguir adelante, y lo impresionado que estaba con nuestros logros. Él nos dijo lo feliz que se sentía de tenernos en su casa. Mientras caminábamos y hablábamos, él compartió su conocimiento del negocio y nos acogió a todos bajo sus alas. Conforme los años, Dexter nos invitó a una casa aun más grande. Cada vez que nos reuníamos, nuestras mentes se expandían. Él nos llevaba a recorrer gran cantidad de casas del vecindario, nos mostraba centros comerciales y complejos, y luego él se paraba en la señal de alto y decía: yo soy dueño de todo eso.

Si eso no era suficiente, nos invitaba cada comida y le daba a la mesera una propina no menos de $50 cada vez que comíamos con él. Si eras conserje o encargado de las mesas, no importaba; Dexter tomaba tiempo para hablar con todos, asegurándose de que todos supieran que eran importantes. Yo creo que fue ahí donde George aprendió a no ser convencional, porque Dexter agarraba su linterna y salía a la calle a las 2:00 AM a mostrarnos casas. ¿Pero qué estaba él haciendo? Él nos estaba llevando a nuestro Fin de Semana de Ensueño. No era difícil para nosotros decirle a la gente, «Tú puedes hacerlo» porque cada vez que nos dimos cuenta, estábamos viendo que eso sucedía. Y esa técnica funcionaba cada vez porque él sabía que dentro de nosotros llevábamos la motivación de hacerlo funcionar.

Nosotros simplemente teníamos que tener un sueño. Su trabajo era sembrar un sueño. Nuestro trabajo era regar ese sueño y realizarlo.

La esposa de Dexter, Birdie, es un complemento para su esposo. Una mujer muy dulce, ella me llevaba a su closet a ver su ropa y sus zapatos, ¡los zapatos, zapatos, zapatos! Ver su closet me ayudó a irme a mi casa y organizar el mío. Luego, cuando íbamos a hablar por ellos a uno de sus Días de Libre Empresa, ellos siempre dejaban a los Diamantes tomar fotos con el orador invitado de la noche.

Nosotros conocimos a una gran variedad de personas destacadas: Sugar Ray Leonard, Mike Diktcha, Evander Holyfield, George Foreman, Les Brown, Presidente Nixon, Presidente George H.W. Bush, Presidente Ronald Reagan y además a todas las esposas. Gracias a esta exposición, nuestras vidas cambiaron. Nuestra manera de pensar cambió. Yo doy gracias a Dios que Dexter y Birdie fueron, son y siempre serán nuestros amigos.

Nuestros compañeros Rick y Sue Lynn Setzer no eran diferentes a nosotros. Al momento de escribir este libro, ellos son Triple Diamantes, pero para ellos el cielo es el límite. Rick es conocido como «Maestro de maestros». Nosotros no conocimos a Rick y Sue hasta que llegamos a ser Esmeraldas. Cuando llegamos a ese nivel, pudimos llegar a ser parte del grupo élite, así que fuimos a la casa de Rick.

Todo lo que puedo decir ahora es que, si quieres ver una casa fina y bien decorada, ve a la casa de Setzer.

Yo inmediatamente fui atraída a Sue Lynn porque ella era muy similar a mí. Ella tenía tanta clase y estilo. Yo la seguí a ella y traté de imitar su sentido de la moda. Cada vez que miraba a Sue Lynn, ella siempre estaba muy elegante, conservadora — ella lucía como si hubiera podido estar en el programa de televisión, Dinastía, interpretando el papel de la señora Carrington. Con voz suave, elegante, pero también muy divertida. Yo aprendí a dejarme guiar por ella. No podía haber más elegancia que ésta. Antes de este negocio, ellos eran maestros de la escuela High Point y vivían en una casa rodante. Ahora estábamos volando con ellos en un Concorde a Inglaterra y nadando en su alberca privada.

Bueno, cuando volabas en un Concorde, todo el mundo sabía que lo habías logrado. Los boletas valían entre $8.000–$10.000 para volar desde Nueva York a Inglaterra. ¡Llegamos a Inglaterra en 3 horas! Ese avión era tan veloz, que George solía decir que cuando estaba en el avión, él podía ver la curvatura de la tierra. Él también decía cosas como, «¡Madre! Esa cosa despegaba de la tierra como un cohete y salía disparada en medio del aire. ¡Despegaba y luego volaba!» Yo no sé exactamente qué tan cierto era eso, pero yo recuerdo haber visto Mach 1 y Mach 2 en las paredes del avión. Ellos nos servían caviar y vino, y todos simplemente se la pasaron bien viajando por el mundo en este avión exclusivo. *Esos eran buenos tiempos.*

Conocer a los fundadores de esta corporación fue otra experiencia deslumbrante. La primera vez que conocimos a Jay Van Andel y Rich De Vos, fue en un seminario para Directos. Rich De Vos dio un discurso en el evento, y después

*Aquí, la revista Black Enterprise nos presentó a nosotros
y a Amway en su revista.*

pudimos estrechar su mano y conocerlos. Esa experiencia
fue grandiosa. Todos estábamos vestidos en traje formal. Yo
estaba nerviosa y George también. Poco nos imaginábamos
que pocos años después íbamos a estar cenando con ellos
en sus mesas reservadas en Hong Kong y Yugoslavia — ¡en

Leaving home for one of their frequent out-of-town trips, George and Ruth Halsey, in matching coyote coats, pause on the staircase of their 13-room Georgian-French home (below) in Greensboro, N.C. At right is the dining room with Chinese Chippendale furnishings. The table setting is Lenox crystal and china with goldware Mrs. Halsey bought during a trip to London.

PHOTOGRAPHS BY MONETA SLEET JR.

George and Ruth Halsey

A 'Dream Home' Is Only One Of Their Dreams That Have Come True

There's the beautiful house in Greensboro, but there are also a plane, five cars, a condominium and many other signs of their business success

NINE years ago, George Halsey was thinking of ways to earn an extra $400 a month so he could buy a new camper. He was an insurance claim adjuster and his wife, Ruth, was a schoolteacher in Greensboro, N.C., where they live, and they had a comfortable home, an old camper that was on its last leg, and little money in the bank.

Today, the Halseys own a Rolls-Royce, two Mercedes-Benzes, an Excalibur, a Corvette and a Ford Bronco.

And they have a 13-room home in Greensboro, and a boat and condominium in Hilton Head, S.C. They are part-owners of the modern, 380-room Sheraton Plaza Hotel in Columbus, Ohio, and the day-care center they partly own in Greensboro will soon become a chain. To get down to Hilton Head or to just about anywhere else they want to go, they simply drive to the local airport and board their own plane, a Beechcraft Duke, which seats a pilot, co-pilot and four passengers. A

EBONY • February, 1985

Fuimos presentados en la revista Ebony en 1985. Las fotos fueron tomadas por el famoso fotógrafo Moneta Sleet. Después de venir a nuestra casa y hacer el intento de presentarnos en una pequeña sección llamada, «Speaking About People», en las primeras páginas de la revista, lo alargaron a un artículo de cinco páginas.

todos lados! Ellos eran gente con los pies bien puestos sobre la tierra. Nos amaban. Eran más que simplemente socios de negocio.

No hay montaña que sea demasiado alta

Tú puedes tener todo lo que quieres en este mundo, siempre y cuando ayudes a los demás a obtener lo que ellos quieren. Y tienes que quitar el enfoque de ti mismo para ayudar a otros. Esa es una transición muy difícil, pero allí está el poder. No te preocupes por ti mismo. Si tú ayudas a otros a triunfar, tú vas a triunfar.

—*Ruth Halsey*

Después que vimos el sueño, nada nos pudo detener. George solía decirnos, «Haz hoy lo que otros no harán, para poder vivir el día de mañana como otros no podrán».

Él aprendió el valor de trabajar el día de hoy, y disfrutar los frutos después, algo que él llamaba con frecuencia, «la demora de la gratificación». Esta era nuestra temporada. Habíamos disparado hasta la cima.

Andábamos por todo el mundo y no sabíamos cómo habíamos llegado ahí. En un momento estábamos en Puerto Rico (lugar que nos encantaba por sus tiendas y la ropa) y luego cuando nos dimos cuenta estábamos en Hong Kong, Irlanda, Australia, Hawái, Canadá, Londres, Paris, Suiza, Alemania, Holanda, Bélgica, Checoslovaquia, Yugoslavia, Bahamas, Acapulco, España, Fiji, Trinidad, y cómo puedo olvidar Jamaica. ¡Jamaica! ¡Jamaica! ¡Jamaica! No fue la gente o el lugar, yo simplemente no podía aguantar a las cabras. Ellos cruzaban la calle mientras íbamos conduciendo. A cualquier lado que mirábamos yo recuerdo haber visto cabras. Era tan grave que yo no quería comer porque a cada lugar donde íbamos tenían bufets ya preparados. Yo no sabía si era pollo a cabra. Parecía muy rico, pero yo no quería nada de eso.

Así que viajábamos por todo el mundo, hacíamos compras en los mejores centros comerciales, comíamos en los mejores restaurantes. Cada año calificábamos para viajar con todos los gastos pagados a Peter Island (en las Islas Vírgenes Británicas) cuyo dueño es la corporación Amway. Cuando llegábamos, nos hospedábamos en Crow's Nest (Nido del Cuervo) en la cima de la montaña.

Primero volábamos a Miami, luego a St. Thomas. De ahí nos íbamos en un yate a Peter Island, nos relajábamos, comíamos y reíamos todo el día. Ah, por si acaso, las cabañas costaban por lo menos $10.000 por semana, y ninguno de los menús de los restaurantes tenían precios. Este era el lugar donde reyes, reinas, y celebridades se paseaban.

No mucho después de ser expuestos a otros países, vinieron las entrevistas de la revistas. Primero con Black Enterprise, quienes nos llamaron y nos pidieron permiso para presentar nuestra historia en un artículo de fondo en la revista. Nosotros estuvimos de acuerdo.

Luego vino Ebony, quienes nos querían mencionar en una sección pequeña llamada, «About Us». Cuando consiguieron un poco más de información acerca de quiénes éramos y lo que habíamos logrado, decidieron convertir nuestra historia en un artículo de cinco páginas.

Pero no paró ahí. La revista Jet nos llamó. Los periódicos locales no paraban de llamarnos. ¡El teléfono simplemente no dejaba de sonar! En un momento todo esto parecía una locura. A cualquier lugar que íbamos, alguien tenía ya sea un Amagram que querían que firmáramos o un artículo que también querían que autografiáramos.

Capítulo 13

El precio del éxito

~

El Día de Doble Diamante de los Halsey en Ada

Hay un alto precio por el éxito. Si tú tienes dinero, puedes comprar muchas cosas. Pero solamente Dios te puede enseñar cómo manejar el éxito. Muchos días, George y yo éramos felices. Habían otros días que la vida era una montaña rusa que simplemente no paraba. Por ejemplo, el día que la compañía nos mandó en avión a Ada, Michigan a celebrar nuestros nuevos logros. Habíamos logrado llegar al nivel de Doble Diamante en el negocio, y a cada lugar que nos llevaban, mirábamos nuestro apellido encima de cada departamento. «El Día de Doble Diamante de los Halsey», decían las banderas. Cuando entramos al edificio, caminamos sobre una alfombra roja. Teníamos

Esta es una de las primeras fotos tomadas después de que oficialmente nos convertimos en «Doble Diamantes» en Ada, Michigan.

escoltas y choferes. Nos recogieron del aeropuerto y nos llevaron en un ómnibus a dar un paseo por toda la ciudad. Ese día, tanto Rich De Vos como Jay Van Andel estaban en la ciudad, así que, nos sentamos alrededor de la mesa en la sala de juntas y nos entregaron una fotografía bella y una placa hecha de carboncillo, que hasta hoy día cuelga en mi vestíbulo.

Eso fue un día celestial. Inició en el cielo y terminó … bueno, en el cielo. Nosotros teníamos programado estar en Michigan solamente un día, pero a diferencia de otros días, mi madre llegó a mi casa para despedirse de nosotros. Yo recuerdo que era en la mañana muy temprano, alrededor de las 7:00 AM. Ella nunca antes había venido a mi casa tan temprano. Así que le pregunté porqué había venido hasta donde vivía a verme tan temprano, y ella muy calmada dijo, «Yo solamente quería despedirme de ustedes». Ella sonrió y yo sonrié y me dirigí a la puerta.

Esa fue la última conversación que yo tuve con ella. Yo no lo sabía, pero era casi como si ella hubiera sabido que no me volvería a ver.

Y ella estaba completamente en lo cierto.

Desde lo más alto de lo alto hasta lo más bajo de lo bajo

Nosotros volamos de regreso de Ada después de un gran día de celebración. Nuestras familias y amigos estaban esperando por nosotros en el aeropuerto. Volábamos en un avión privado Beechcraft Duke, con sofás, habitaciones, y sillones reclinables; íbamos riéndonos de lo mucho que nos habíamos divertido. A nosotros nos llovían los regalos y reconocimientos; comimos de la mejor comida y fuimos tratados como realeza. El jet corporativo nos había volado de regreso a casa y cuando llegamos a la pista, podíamos ver cientos de personas esperando por nosotros. Mi madre también estaba ahí. Todos estaban ahí. Yo sé que ella vio el avión venir y nos vio aterrizar. Mary me dijo después que ella vio hacia arriba y preguntó, «¿Son ellos?» apuntando hacia el cielo. Y tan pronto como el avión aterrizó, ella colapsó.

Todos los que estaban adentro entraron en pánico. Afuera, nadie sabía lo que estaba pasando. Alguien corrió hacia afuera y dijo a Karen «Big Mama está enferma». Karen corrió hacia adentro y vio a «Big Mama» siendo colocada en el piso. Su primo Derrick comenzó a darle respiración de boca a boca. Mientras tanto nosotros estábamos afuera recibiendo las llaves de la ciudad. Karen agarró mi brazo y dijo, «¡'Big Mama' está enferma!». Nosotros dejamos todo y corrimos hacia adentro del aeropuerto. Fue ahí cuando la vi, mi madre, tirada en el piso. La abracé. Comencé a sacudirla.

—¡Mamá, levántate, Mamá… Mamá!

Llegaron los paramédicos poco después, la revisaron y la declararon muerta en ese momento.

Todos los miembros de mi familia — mi padre, mis hermanos y hermanas, Karen — todos nosotros estábamos reunidos alrededor, aturdidos y sin poder creer lo que acababa de suceder. Nosotros simplemente estábamos atontados; estupefactos con incredulidad.

Comenzó la montaña rusa.

Yo sentí emociones que nunca antes había sentido. Mi

vida fue succionada de dentro de mí. Mi madre había sido mi porrista. Ella era mi animadora. Ella era quien me estabilizaba. Ella me calmaba y me mantenía enfocada. Ella era la mujer a quien yo admiraba en todos los sentidos. Yo corría a su casa y la ponía al día de lo que George y yo estábamos haciendo. Pero ahora eso se había ido. Yo ya no podría hacer eso. Ella se había ido. En un lapso de 24 horas, yo me había trasladado desde lo más alto hasta lo más bajo en lo que parecía minutos. Yo sentía náuseas y estaba confundida. ¿Cómo pasó esto? ¿Estoy soñando? George y yo continuamos viajando después de ese día, pero para mí, nunca más fue igual.

En la cima de nuevo.

Nosotros continuamos construyendo nuestro negocio. Estábamos de gira de nuevo — construyendo, enseñando, corriendo rápido, conduciendo y haciendo lo que sabíamos hacer mejor. Luego vino el nivel de Triple Diamante. George pensaba que Triple Diamante significaba que el dinero se iba a triplicar, pero era mucho más que eso. Poco después yo me convertí en la única mujer negra en la Junta Directiva de Amway, lo cual fue un logro personal mío. Antes de mí, habían solamente hombres blancos en la Junta Directiva. Pero realmente no pude disfrutar de ese momento por completo

George y yo en la tarima como oradores «Triple Diamantes».

porque pocos días después, mi padre murió. Nosotros decimos que murió de corazón roto, otros lo llamaron ataque al corazón. Fue solamente dos años después de que mi mamá murió.

Pero luego, otra vez en la cima. ¡Finalmente conseguimos la casa que siempre quise!

La casa que siempre quise

George y yo estábamos saliendo del estado para hablar en Texas. Alguien de nuestro grupo nos avisó de esta casa que estaba siendo construida en la parte donde viven los de la clase alta en Greensboro. Así que pasamos por ahí y la miramos. Estaba aun en la etapa de inicio de construcción. De hecho, yo recuerdo haberla visto en la noche y traté de meterme por la ventana solamente para echarle un vistazo. Fue amor a primera vista. No había nada en los alrededores y yo sabía que tenía que verla a la luz del día. Así que hablamos con el corredor de bienes raíces y él nos dijo que alguien «realmente serio» ya estaba viendo la casa. Eso significaba que si nosotros la queríamos, tendríamos que depositar algo de dinero antes de salir. Le hicimos un cheque de $5.000 y nos fuimos para Texas.

Dentro de pocas horas el muchacho que estaba poniendo los ladrillos comenzó a decirle a la gente que los Halsey habían comprado esta gran casa. La noticia se regó como fuego, y cuando regresamos, ¡nosotros éramos la noticia de la ciudad otra vez! Los constructores pusieron un rótulo en frente que decía, «SOLD» (Vendida). Todos comentaron y algunos susurraban, ¿Quiénes se creen que son... esos Halsey moviéndose a este lado de la ciudad? Eso sí, nosotros ya vivíamos en una buena casa, pero esta casa era una casa de

Esta es nuestra casa en la actualidad. Yo me metí por la ventana del balcón para ver esta casa y luego regresé corriendo a casa a decirle a George, «Yo tengo que tenerla», y ¡nosotros la conseguimos!

ensueño: estilo francés–georgiano de 13 habitaciones. Tenía tres niveles, pasillos amplios, armarios espaciosos, ascensor, alberca personalizada, completa con baño y oficina. El baño matrimonial tenía una bañera hundida de mármol debajo de un tragaluz, paredes con espejos y accesorios de bronce. Representaba un ascenso elegante que encajaba con nuestro estilo y gusto. Cuando nos movimos, yo supe que era la casa de nuestros sueños donde nos íbamos a retirar.

Luego la montaña rusa bajó de nuevo.

George y yo estábamos determinados a no dejar titubear nuestro negocio. No teníamos la destreza de negocios para manejar el dinero que habíamos ganado, pero tratamos de ser honestos con los ingresos. Contadores vinieron después. Asesores financieros vinieron después. Mientras entraba dinero, la gente siempre estaba tratando de hacernos alguna oferta que no podríamos rechazar. Así que hicimos inversiones buenas y algunas inversiones bastante malas.

El peor de todos fue una oferta de un carro que alguien nos hizo. Yo ni siquiera sé el nombre del hombre o cómo recibimos su oferta. Pero alguien nos engañó haciéndonos creer que podíamos comprar el carro ahora y venderlo después a un mejor precio. Supuestamente, ésta era una manera como mucha gente podía darle vuelta a su dinero y ganar un poco más. Así que pagamos el auto por adelantado. ¡El único problema es que nunca recibimos el auto!

No sabemos qué pasó con nuestro dinero o el representante de inversiones. Ambos desaparecieron y desde entonces no hemos sabido nada de esta gente. La lección que aprendimos de esto es, siempre buscar un buen consejero financiero, y no creer en todos aquellos que dicen que tienen una buena idea.

29 de noviembre — nació Kissy, su «Buba»

Mientras rebotábamos de nuestras aventuras financieras, la cosa más hermosa nos sucedió … Kislyck Mykela nació. Kissy fue nuestra primera y única nieta. Nació de Karen y su esposo el 29 de noviembre de 1985. ¡Ella era el bebé más hermoso que jamás habíamos visto! Yo pensaba que Karen había sido el bebé más hermoso hasta que vi a su bebé, Kissy. ¡George se iluminó! Él estaba tan orgulloso. Yo pensaba

que yo era demasiado joven para ser llamada abuela, y George ciertamente no parecía abuelo, así que decidimos ser llamados Papa y Nana. ¡Nosotros consentimos a ese bebé! Le dimos todo lo que necesitaba y todo lo que nosotros pensábamos que ella tal vez quería.

George comenzó a llamarla «Buba»

desde que tenía dos años. Se subía al escenario y decía, «Mi Buba me consiente», pero en realidad él consentía a su Buba. Él le regaló un maletín cuando ella tenía siete u ocho años. Una de marca original. Era pequeña de color vino tinto de cuero en la que ella orgullosamente cargaba todos sus papeles cuando iba a las reuniones. Ella practicaba dibujar círculos (mostrando el plan) e incluso fingía tomar notas durante los seminarios.

Nuestros hijos sabían lo que se sentía estar en bancarrota, pero Kissy no. Ella nació cuando estábamos en la cumbre de nuestro éxito y solamente experimentó lo mejor. Considerando la manera que fue criada, ella se convirtió en una maravillosa muchacha que trabaja duro, persona muy completa de quien estamos sumamente orgullosos.

Cuando George mostraba el plan, él sacaba una buena cantidad de efectivo de su bolsillo que estaba hecho un rollo con una banda de goma sujetándolo y lo llamaba su fajo. Él decía, «Construye tu negocio para que llegues a ser miembro de la "Cuadrilla Fajo"».

Un año, cuando Kissy cumplió diez años, le compramos un bolso de Dooney & Bourke con su nombre grabado y lo completamos con un fajo de dinero adentro. Él dijo que no tenía sentido tener una cartera de esa calidad sin dinero adentro, así que ella consiguió su primer fajo. Ella se convirtió en miembro de la Cuadrilla Fajo. Él se reía tanto cada vez que ella lo sacaba. Ella era niña de sus ojos. Yo quiero que tú escuches sus propias palabras de lo que su Papa significa para ella.

George Thomas Halsey, Jr. El hombre más influyente en mi vida, punto. Desde cuando tenía la edad suficiente para reconocerlo, mi Papa era totalmente mi mayor fan. Ante sus ojos, yo no hacía nada equivocado y yo me sentía absolutamente perfecta cuando estaba cerca de él — tanto así que yo me confundía cuando años más tarde yo no le caía bien a la gente. De cualquier manera, el apoyo de mi abuelo era sin límites. Su amor era incondicional. Él lloraba lágrimas de gozo en cada danza y recital de piano. Él siempre parecía estar impresionado de mi aptitud mental. Él disfrutaba de que yo leía libros incesantemente hasta la edad de doce años. Él fomentó mis sueños de llegar a ser una arqueóloga, una patinadora artística sobre hielo y anestesióloga, todo en un lapso de meses de diferencia. Mi Papa me ayudó a convertirme en una pensadora independiente. Mientras que él se reía de la gente que se despertaba temprano para ir al trabajo, yo me reía de los niños que iban caminando a la escuela pública, porque yo estaba recibiendo educación en casa. A nosotros nos parecía bueno levantarnos a las 12 del mediodía sin tener la pena de estar en ningún lugar o urgencia para levantarnos. Incluso yo recuerdo que llegaba un poquito tarde algunas veces a las sesiones con mi instructor porque habíamos salido a comer afuera.

A Papa le pareció divertido el hecho de que yo completé todos los requisitos de la escuela superior a la edad de los 16 años. Él estimuló la sugerencia de mi maestro para que yo empezara la universidad a edad temprana, simplemente porque yo podía hacerlo. Yo atendí la Universidad Estatal A&T de Carolina del Norte, la misma universidad que atendió él y mi Nana. Después de recibir un BFA en Actuación Profesional a la edad de 20, Papa continuó apoyando mis sueños de perseguir educación superior. Él nunca me dijo que fuera a la universidad para conseguir un «buen trabajo», sino más bien él decía que tenía que estar equipada con todo el entrenamiento necesario para desarrollar una carrera exitosa en actuación y canto. Mi familia NUNCA dejó de asistir a ninguno de mis presentaciones, ni en Greensboro ni en Gainesville, Florida, cuando asistí a la Universidad de Florida a la escuela de Postgrado. Nada era tan satisfactorio como ver su cara sonriente entre la audiencia. Yo siempre lo podía ver, con un pañuelo en la mano para limpiar sus lágrimas silenciosas que caían mientras miraba mi actuación. Desafortunadamente, mi abuelo se enfermó días antes de que yo programara mi regreso a Carolina del Norte por un semestre de prácticas en el 2008. Yo pude haber aceptado varios programas de internos en «ciudades mejores», pero yo acepté la de Greensboro porque Dios me dijo que yo tenía que estar cerca de mi familia (esto sucedió en el tiempo en que Papa estaba bien de salud). Yo estaba muy entusiasmada de que iba a pasar un par de meses en casa y nunca pensé ni dos veces en el "por qué".

Papa no iba a estar conmigo cuando recibiera mi MFA en actuación a la edad de 23 años. Él no me iba a ayudar a mudarme a Atlanta en 2010 para perseguir mi carrera como cantante/actriz y no iba a ver mi actuación en mi primer papel en una nueva ciudad. Él no iba a asistir ningún concierto donde yo canté como corista y no iba a ver mi primer papel en una película (pero siempre dsifrutaba algo de Tyler Perry). Él no estará cuando me case, no me verá aceptar mi Oscar o Grammy, no me dará consejos matrimoniales ni dará la bienvenida al mundo a su primer bisnieto. Él no será testigo cuando yo compre mi primera casa ni tampoco podrá disfrutar el éxito que me propongo tener gracias al sueño que él inculcó en mi corazón. Aunque él no esté aquí físicamente, yo sé que él está en algún lugar sonriendo y observándome. Él ve mis retos, mis victorias, mi caídas, mis penas y mi crecimiento — mientras él está sonriendo y diciendo, «Mi Buba» y al saber esto, hace que mi corazón sonría.

—Kislyck Mykela Halsey

La vida ahora

CAPÍTULO 14

LOS ÚLTIMOS DÍAS CON GEORGE

«*La primera vez que supe de [George y Ruth], ellos estaban en una revista. Yo vi esta pareja fina con todos estos autos fabulosos. Ellos estaban siendo presentados como el epítome de lo que toda la gente negra quería llegar a ser. Yo leí este artículo por lo menos cinco veces, porque yo era un muchacho pobre de campo que apenas tenía dos pares de zapatos. Ellos eran realmente como productos de mi imaginación. "¿Qué carambas hacían ellos?" pensé yo. "¿Cómo lo hicieron?" Ellos son como esa gente — esos por ahí como Bill Cosby o alguien parecido. Cualquiera que es "alguien"... yo los puse en esa categoría.*»

—Obispo George Brooks

Cuando yo me puse a sentar y escribir este libro, no podía hacerlo sin la ayuda de mi pastor y querido amigo, Obispo George Brooks de la Iglesia Bautista Monte Sión, en Greensboro. Él ha estado con nosotros en las buenas y en las malas; en los momentos de tristeza y de felicidad. La manera que conocimos al Pastor Brooks es un libro en sí.

George tenía casi cincuenta años. Nosotros viajábamos cada año a Hawái, y en uno de nuestros viajes, cuando estábamos vacacionando ahí, él se enfermó. Así que lo trajimos de regreso y se hizo algunos exámenes médicos. Los doctores nos dijeron que George tenía diabetes. Pero eso no lo detuvo. Él hizo lo que tenía que hacer y regresó de nuevo a estar de gira. Pocos meses después, cuando estábamos en nuestro condominio en Hilton Head, él se enfermó nuevamente. Los doctores decidieron sacarle la tiroides en ese momento, así que él comenzó a tomar medicina para eso también. George tenía un ánimo inquebrantable. Él trató de llevar los negocios como siempre lo había hecho, pero yo me podía dar cuenta que estaba comenzando a tener un impacto sicológico en él.

Durante un período de ocho años, George pasó por un descenso gradual. De repente, los doctores comenzaron a hablar de su corazón. Así que llevamos a George al cardiólogo y ellos se pusieron a tratar su corazón para asegurarse de que todo estuviera estable. Para cuando él aceptó el hecho de que tenía diabetes, ya era un poco tarde. A George le encantaba comer lo que él quería, y desafortunadamente, él se había echado a la ruina él mismo antes de que la intervención médica tomara lugar. Una vez él dijo que estaba tan mal de la diabetes que no podía sentir sus pies. Se estaba convirtiendo en algo abrumador. No sabíamos qué hacer. Karen decidió buscar a Dios. Así fue como terminamos con el Obispo y la Primera Dama Brooks en la Iglesia Bautista Monte Sión.

Conociendo al Obispo Brooks

«Mi papá comenzó a enfermarse y yo sentí que él necesitaba liberación. Yo no sabía qué era lo que realmente significaba liberación, pero en mi mente, liberación era sacar fuera demonios y orar hasta que los espíritus salieran de la persona. Así que yo estaba lista para la guerra. Yo me puse un sudadero y le dije a mi mamá, "Vamos a hacer guerra". La cita estaba programada. Y nos fuimos.»

—*Karen Halsey*

No sabíamos porqué George estaba experimentando esta continua enfermedad de una cosa a otra, así que Karen presumió que alguien había hecho un hechizo a su padre. Después de todo, nosotros siempre andábamos viajando al extranjero y andábamos comiendo en tantas ciudades, no me hubiera asombrado si alguien a quien George no le caía bien hubiera hecho un complot para destruirlo. Algunas personas son así. No quieren nada más en la vida que traerte abajo.

Y a diferencia de mi persona, George era bien confiado. Yo no confiaba en la cocina de muchas personas. Yo no comía del plato de nadie. George, por otro lado, comía de todo. Y Karen, conociendo a su padre, decidió realizar una misión para hacer que su padre mejorara de salud por cualquier medio que fuera necesario. Ella le preguntó a su peluquera acerca de un pastor en la ciudad con quien podría hablar de este asunto privado. Debido a que casi todos los de Greensboro nos conocían, ella quería un pastor que respetara nuestra privacidad sin exponer nuestra situación. Nos recomendaron a George Brooks y Karen hizo la primera llamada telefónica.

Cuando llegamos a la iglesia, nos sentamos afuera del salón de conferencias esperando que él nos invitara a pasar. Cuando yo pregunté al Obispo acerca de esta reunión, esto fue lo que dijo:

«Llegó el día de que yo conociera a las personas a quienes siempre había admirado desde lejos. Probablemente es uno de esos días que solamente vives una o dos veces en la vida. Pero cuando ellas entraron, yo no me sentía ni intimidado ni tenía temor. Cuando me senté con ellas, nuestra conversación fue mejor de lo que yo esperaba. Ellas no eran simplemente geniales, eran bastante geniales, con los pies puestos sobre la tierra, relajadas y geniales. Para mí, esto era algo sorprendente porque uno espera que la gente con aviones privados y quienes comparten habitación con Presidentes tengan cierta actitud. Pero esta no fue mi experiencia con ellos, ¡en lo más mínimo!»

Este es nuestro Obispo y la Primera Dama Brooks.

El obispo nos contó después la historia de cómo nos conoció, pero en ese momento no importaba quién pensaba él que éramos nosotros. Simplemente necesitábamos ayuda. Él no sabía lo que nosotros queríamos, nosotros pensábamos que sí lo sabía. La primera cita se convirtió en una amistad de toda la vida. A él le importábamos como personas. Él nos escuchaba con un corazón de pastor, y nos condujo a la «verdadera liberación». Nosotros llegamos esperando un exorcismo sumamente emocional. Salimos con la paz de Dios.

LOS ÚLTIMOS DÍAS CON GEORGE

El pastor Brooks nos dijo muy pronto que nosotros necesitábamos caminar esta jornada juntos. Estuvimos de acuerdo. Él oró con nosotros e hizo el compromiso de pastorearnos mucho antes de que nos afiliáramos a su iglesia. Él nos traía libros de discipulado y cristianismo y repasaba con nosotros las bases, hasta que entendíamos de lo que él estaba hablando. Él hombre tiene un don de enseñanza. Cualquiera que quiere escuchar, él le da su tiempo. La primera vez que él vino a nuestra casa, se sintió como si hubiera sido parte de la familia. George estaba sentado en su silla y Pastor Brooks simplemente nos escuchaba, hablaba con nosotros durante horas a la vez — se reía con nosotros y comía con nosotros.

Pocos meses después, cercano al cumpleaños de George, estábamos sentados en la mesa de la cocina y George dio un anuncio para la familia. Íbamos a unirnos a la iglesia del Obispo Brooks. Así es. Al final del servicio, íbamos a caminar juntos como familia y unirnos. Las noticias fueron increíbles para mí porque George siempre fue un hombre muy privado; especialmente cuando se trataba de su lado espiritual. Él no dejaba que mucha gente se metiera en ese asunto, pero aparentemente, el Obispo Brooks le cayó bien y su vida comenzó a cambiar frente a mis propios ojos.

Enfermedad en San Luis

George era una fuerza que calmaba. Él tenía la habilidad innata de hablar contigo en cualquier situación, y literalmente tú sentías la serenidad y la tranquilidad entrar suavemente. Él era la clase de hombre que tú querías a tu lado cuando estabas en medio de una situación difícil.

—*Bishop Brooks*

El año antes de que nos despedimos, nos conducimos a San Luis para una conferencia. A estas alturas, nosotros ya éramos miembros activos de la iglesia. El Obispo Brooks estaba tratando de hablar con George para que se convirtiera en un diácono, pero nosotros aún teníamos nuestro negocio y éste estaba prosperando.

Bueno, ese primer día cuando llegamos, George comenzó a sentirse un poco enfermo. Inmediatamente, yo decidí llevarlo al hospital porque no había manera de que pudiera trabajar sabiendo que él no estaba bien.

Vino la ambulancia. No era una emergencia mayor. Cuando ellos llegaron, él respondía y estaba estable. ¡La mañana siguiente los doctores nos dijeron que él estaba con un respirador artificial y nos pidieron permiso para resucitarlo si llegara a ser necesario! Nosotros quedamos impactados. Cuando lo dejamos la noche anterior él solamente tenía dolor de estómago. Después nos enteramos de que le habían dado mucho líquido y que su cuerpo no había aguantado. Cuando Karen y yo entramos a la habitación, vimos a George conectado a un respirador artificial — su cabeza era como dos veces más grande de lo normal. Él estaba tan hinchado de tanto líquido que ni siquiera parecía que era él. Salimos de la habitación, una lágrima salió de nuestros ojos, nos mirábamos la una a la otra en la sala de espera con incredulidad.

—Necesito una Biblia, —dije yo.

Encontramos una en la sala de espera, nos tomamos de las manos y comenzamos a orar por su sanidad. El pronóstico de los doctores no era bueno, pero creíamos en el Todopoderoso.

Esa misma noche, nuestros amigos, Rick y Sue Lynn, Harvey y Bobby, nos visitaron en el hospital y nos dieron su apoyo y ayuda. Rick y Sue Lynn nos movieron a un hotel sanatorio y nos dijeron que no nos preocupáramos por comida, alojamiento o cualquier otra cosa. Ellos pagaron todo. Esto era, una vez más, otra de las veces en las que nos dimos cuento que esto es algo más que un negocio.

Siete días después, George seguía con un respirador artificial. Terminamos quedándonos en Missouri por un mes. Yo no dejaba de orar. Yo seguía creyendo que Dios iba a hacer un milagro. Los doctores no tenían muchas esperanzas. Pero yo escogí no recibirlo. Toda mi vida había estado acostumbrada a que la gente me dijera quién tenía que ser yo, pero en esas ocasiones yo no lo recibí; así que, ¿qué te hace pensar que ahora lo iba a aceptar? Dios había sido demasiado bueno con nosotros como para dejarnos en esta situación. Así que oramos. Mi pastor oró. Karen preparó sus hierbas (ella había estado practicando medicina natural por años antes de que esto pasara), y las frotó sobre su padre. Cada día estaban bombeando mucosidad de su cuerpo. A como se veían las cosas, George no iba a regresar con nosotros.

Pero el octavo día, ¡George despertó! Él se carcajeaba y sonreía y daba gracias a todas las enfermeras por cuidar de él. Él nunca supo exactamente lo que había ocurrido, pero él le estaba agradeciendo a todo el mundo por todo. Las enfermeras y los doctores habían visto un milagro en vivo. Pusimos algunas de las hierbas en su agua para evitar que el líquido siguiera aumentando y funcionó. ¡Dios aún me estaba mostrando que la oración funciona!

La siguiente barrera era cómo llevar a George de regreso a casa. El doctor nos dijo que George no podía volar o conducir por medios regulares de trasporte, así que la única manera de regresar a George a casa era por medio de avión médico. El costo era de $20.000 para transportarlo en un avión médico. Oramos y las bendiciones siguieron fluyendo. Antes de que George volara a casa, teníamos que encontrar un lugar donde George pudiera estar con apoyo médico apropiado. Los hospitales no lo aceptaban en Greensboro, y no podíamos llevarlo de regreso a casa, pero finalmente encontramos un asilo.

Cuando finalmente él llegó a casa, batalló un poco para caminar, pero se rehusó a usar un andador. Ciertamente él podía caminar sin depender de un andador, pero era más estable si usaba uno. Si íbamos a algún lugar por un período largo de tiempo, teníamos que empujarlo en una silla de ruedas. A George Halsey no le gustaba eso. Nosotros habíamos sido entrenados en el negocio a no darnos por vencidos nunca. Esperábamos que él volviera a caminar, y muy pronto, ¡él se levantó y caminó!

George sobrevivió otro año y medio antes de que le diera un derrame cerebral el 25 de agosto. Él se estaba recuperando, riendo y bromeando otra vez. Él nunca se recuperó al 100 por ciento, pero él aún salía para dar un discurso aquí y allá.

De vez en cuando, el Obispo Brooks venía a echarnos una miradita. Una vez, el obispo Brooks se puso de rodillas y lavó los pies de George. Era el máximo acto de humildad, y nos tocó de una manera muy profunda; que él nos sirviera de esta manera significaba mucho para nosotros.

Pero el obispo Brooks no fue el único que hizo esto. Todos quienes amaban a George estaban muy preocupados por nosotros. Las llamadas telefónicas no pararon. Las ofertas de ayudarnos con nuestro negocio no pararon. Se sentía muy bien saber que las personas te apoyaban en cada paso del camino.

En esa noche de agosto, nadie me pudo haber preparado para esta bajada final de la montaña rusa. Estábamos acostados en la cama escuchando hablar a la Primera Dama, Michelle Obama. Estábamos estupefactos e incrédulos. Parecía que finalmente íbamos a tener a un presidente negro. Estábamos viviendo una ocasión histórica. ¡George estaba muy emocionado!

—¿Crees que finalmente vamos a tener un presidente negro? —preguntó él.

—¡Yo creo que sí, George!

—Mmmm... —pensó él, mientras imaginaba la posibilidad.

Hablamos esa noche hasta que finalmente George se durmió. Pocas horas después — eran las 3 AM — yo me levanté al baño y vi su pie colgando de la cama. Tuve un mal presentimiento así que me fui a su lado y lo empujé un poquito.

—¡George, George! ¿Qué pasa contigo?

Él no contestó.

—George, George, ¿estás bien?

Él se movió un poco pero no contestó con palabras. Yo llamé a Karen y ella llamó al 911. Desde ese momento todo pasó tan rápido y tan lento al mismo tiempo. La ambulancia llegó rapidísimo. Yo podía escuchar el tic-tac del reloj de pared, y todo lo que podía hacer era orar.

Cuando llegó la ambulancia, yo me di cuenta de que ellos no hicieron por George lo mismo que hicieron por su madre pocos años antes cuando ella tuvo un derrame cerebral en nuestra casa. Esta vez el procedimiento fue diferente.

Ellos lo llevaron con prisa al hospital. Yo me fui con él y Karen nos siguió. Nosotros esperamos y esperamos y esperamos. Mientras yo esperaba, mi mente retrocedió a todos estos años de alegría que George me había traído. Todos nuestros sueños se hicieron realidad, y él estaba decidido a hacerme la mujer más feliz del mundo. Yo me acordé de nosotros cuando íbamos caminando al frente para unirnos a nuestra iglesia. Pensé en el nacimiento de Karen. Pensé en nuestra nieta. Pensé en nuestros amigos, nuestro equipo, nuestros perros — todo lo que te puedas imaginar estaba pasando por mi mente. Nuestro matrimonio de 51 años. Pensé en las cosas que realmente importan. No importaba cuánto dinero teníamos en el banco, o la cantidad de ropa, pieles o diamantes que teníamos. Yo estaba demasiado ocupada contando los recuerdos de amor, familia y Dios mientras continué fijando la mirada en la pared de ese salón de espera.

Finalmente, el doctor nos acompañó hacia la parte de atrás. Yo sabía que no era algo bueno. Lo sentí en el fondo de mi estómago. Él nos trajo a la habitación donde estaba George. Él estaba con vida, pero él no estaba respondiendo mucho. El derrame cerebral había dañado dos terceras partes de su cerebro. Yo no podía aguantar ver a mi esposo en esa condición, así que tuve que salir. Yo le dije a Karen que ella se encargara de los doctores y yo me salí. No pasó mucho tiempo para que Dios hiciera la transición de mi primer y único amor de esta vida a la vida eterna.

De alguna manera, Dios nos sostuvo

Karen y yo no sabíamos qué hacer, al principio. Estábamos rodeadas de amor — tanto espiritual como natural — pero teníamos que hacer frente a lo que sería la vida cuando llegáramos a casa. Éramos una familia tan unida, no podíamos imaginar comer una cena sin él. Todos sabían que éramos una familia muy unida; dondequiera que nos miraban, nos miraban a todos. Y ahora, el hombre de la casa no iba a venir con nosotros a casa. Simplemente no sabíamos cómo sentirnos.

De alguna manera, se hicieron los arreglos del funeral. El programa fue diseñado. Se compraron las flores. Se preparó la comida. Pero yo no recuerdo mucho de eso. Gente vino de todas partes del mundo. Miles de personas llegaron al servicio fúnebre de George. El Obispo Brooks lo elogió de la manera más honrosa. Yo estaba presente, pero realmente no estaba consciente. Yo estaba como entumecida. Yo no sabía qué decir o qué hacer cuando George nos dejó. Fue como si un pedazo de mi corazón se hubiera muerto con él cuando él se fue con el Señor. Yo me sentía de la misma manera como cuando mi madre murió, pero más profundo. Me sentía de la misma manera como cuando murió mi padre, pero más íntimo.

No pasa un solo día sin que yo no piense en él. No pasa un solo mes que yo no encuentre alguna huella de George en algún lugar de la casa. Esto es lo que yo considero la parte más importante de este relato. ¡No ha TERMINADO!

Ves, yo me casé con un hombre que construyó algo que podemos continuar. El sueño no se ha terminado. Él nos dejó un legado que sigue vivo, uno que puede ser transmitido a nuestra hija e hijo, su hija y sus (futuros) hijos y así sucesivamente. Nunca termina. El sueño más grande de George era dejar un legado. Cuando él mostraba el plan, él le decía a la gente con lágrimas en sus ojos que si él moría no quería que a nosotros nos hiciera falta nada, él quería dejarnos a nosotros con algo que continuaría por generaciones. Dios le concedió los deseos de su corazón.

Un día, cuando estábamos limpiando una de sus gavetas, encontramos esto:

Nosotros no reconocimos la escritura así que buscamos el mensaje en la Biblia; dice así:

> Me refiero a Jesús de Nazaret: cómo lo ungió Dios con el Espíritu Santo y con poder, y cómo anduvo haciendo el bien y sanando a todos los que estaban oprimidos por el diablo, porque Dios estaba con Él.
> (Hechos 10:38 NVI)

Una copia de su escritura usando las escrituras

Yo me pregunto si cuando George escribió esto sabía que se estaba describiendo a sí mismo. Todos los que lo conocían sabían que él estaba ungido por Dios. Él fue por todo el país ayudando a la gente que estaba abatida. Él ayudó a esos que estaban abatidos por la discriminación, la depresión y la baja autoestima. George se aseguraba de que todo aquel a quien conocía se sintiera importante y con valor. Él hizo lo que a veces parecía imposible, pero él pudo hacerlo porque Dios estaba con él. Él no se fue de esta tierra hasta que su misión estaba cumplida. Y aunque me encantaría tenerlo a mi lado en estos momentos, yo estoy segura de que Dios lo quería más. Yo me casé con un hombre que hizo todo lo que se tenía que hacer para que el trabajo se llevara a cabo, ni importaba si él había

La familia entera en una reunión en la casa de la familia Graham. De izquierda a derecha, Karen, Kissy, George, yo y John.

crecido sin sus padres y si él sentía miedo. No importaba si él era un hombre negro en un país que a veces lo rechazaba. No importaba si él era tímido o estaba cansado, usado, abusado, o si hablaban de él — no importaba si él estaba enfermo o débil, él se levantaba, sonreía, se carcajeaba y soñaba.

Su sueño aún vive en nosotros, Karen, Kissy, John y yo. SU SUEÑO AÚN VIVE...

CAPÍTULO 15

PALABRAS FINALES… SIGUE SOÑANDO

El dinero es algo grandioso, pero es solamente una herramienta. Tú cambias dinero por productos y servicios. Entre más tienes, más productos puedes proveer. No te hace menos o más, es simplemente una herramienta necesaria. Y cuando no tienes nada [de dinero], la vida puede hacerse muy difícil. Si encuentras la manera de vivir una vida exitosa, entonces dale todo lo que tienes.

—*George Halsey*

EN CONCLUSIÓN
(Keith Kennedy © 1985)

AFRÓNTALO…
No tienes derecho a que te lo den todo regalado. Lo que logras o dejas de lograr en tu tiempo de vida está directamente relacionado con lo que haces o dejas de hacer. Nadie escoge sus padres o su niñez. ¡Pero tú sí puedes escoger tu propia dirección! Todos tienen problemas y obstáculos que vencer. Pero eso también tiene que ver con cada individuo.

NADA ESTA ESCRITO EN PIEDRA...
Tú puedes cambiar cualquier cosa en tu vida si
lo deseas lo suficiente. Las excusas son para los
perdedores. Esos que toman responsabilidad por
sus acciones son los verdaderos ganadores en la
vida. Los ganadores enfrentan los retos de la vida
directamente, sabiendo que no hay garantías, y
le dan todo lo que tienen. Y nunca piensas que
es muy temprano o muy tarde para empezar. El
tiempo no tiene favoritos, y pasará, ya sea que tú
actúes o no.

TOMA CONTROL DE TU VIDA...
Atrévete a soñar y a tomar riesgos... ¡compite!
Si no estás dispuesto a trabajar por tus metas, no
esperes que otros lo hagan.
¡¡Cree en ti mismo!!